AQUARIUS

AQUARIUS

AQUARIUS

AQUARIUS

Vision

一些人物，
一些視野，
一些觀點，
與一個全新的遠景！

憂鬱世代

頂大生如何走出升學牢籠、社群競逐及自我價值困惑的憂鬱症

莊明翰——著

【推薦序】

揮別暗夜的孤獨，尋回有光的日子

宋怡慧（作家；新北市立丹鳳高中圖書館主任）

相信每個人都有過「憂鬱」來敲門的時刻，只是憂鬱的程度或多或少、或深或淺而已。曾經，我也有過跌墜情緒黑洞的經驗，厭倦、煩躁、討厭的情緒不斷籠罩在生活中，負面情緒趕也趕不掉，推也推不走。後來，是母親要我從食療、運動、閱讀和冥想等方式，慢慢找到接納情緒、與自己內在和解的渠道——我學著先接受正不斷攻擊自己的情緒，再試著整理它，學習多疼惜自己，每天讓正面情緒的比例再提高一點點，最後終於讓情緒重回平衡的支點。

莊明翰曾是現實生活中的完美小孩，更是人人推崇的人生勝利組。但，高學歷沒有帶給他對人生抉擇的自我肯定，反而帶來的是茫然與自卑。性別的認同撕裂他對愛的辯證，愈渴求愛，反使他的內心越發疼痛及悲傷。明翰如何從人生高峰跌落人生低谷，又如何乘著希望的羽翼，從人生低谷飛躍而起？

莊明翰用自己的故事，讓憂鬱症的同儕可以被溫柔地同理，並能以溫情的眼光看待。或許，他走過的暗黑日子，不再是苦難，反而是歲月對它最慈悲的祝福。樂見《憂鬱世代——頂大生如何走出升學牢籠、社群競逐及自我價值困惑的憂鬱症》一書的出版。莊明翰誠懇的文字如強大的支持，讓正受憂鬱症之苦的夥伴們，在他的書寫中找到停歇、休憩的濃蔭。明翰用文字提燈，默默地陪你、伴你走過風雨。

處在低薪、高壓的環境中，每個人肩上的擔子愈來愈重，要消弭外界的嘈雜與干擾，更需要正確的方法。從數據來看，憂鬱症發生在年輕族群的比率急遽上升，它值得大家關注、討論，而非避而不談。罹患憂鬱症的生命，初始，或許行走腳步踉蹌，人生之路崎嶇蜿蜒，但明翰願意把自己從自我覺察到自我接納，從自我接納到自我照顧的三個階段陳述而出，讓憂鬱症的患者能更溫柔、寬容地對待自己的身心。

二〇二二年五月《美國醫學會期刊網路》（JAMA Network）的研究顯示：多數罹患憂鬱症的年輕人並沒有尋求或接受治療。除了擔心費用問題，還有更值得深究的是——他們不知道要向何處求助。

我們該在什麼時候拉他們一把，又該在什麼地方陪他們走一段，或許，無須給予意見，你可以安靜地與之同行。讓他們可以和不安、煩憂做朋友，並有能力與情緒對話。讓他們知道：憂鬱症不是罪惡，也不是自己做錯什麼。它和感冒、打噴嚏一樣，只是告訴你：身體或心靈生病了，你只要安心地吃藥，多多休息，都會痊癒的。

如何讓烏雲的日子，再次透入微光？明翰透過文字的爬梳與自我探問，讓我們看見覺察憂鬱情緒的重要。透過自我覺察的練習，找到與憂鬱情緒和平相處的方式。痛苦與快樂、愛與被愛常是一體兩面的，任何情緒都沒有好壞。你如何讓自己接受它的存在，與它和平共處，並跨出正向的第一步？這也是每個人都會面臨的問題。同時，如何讓快速升騰的負面心情能慢慢平息下來，明翰用自己的人生故事，與我們分享：他的人生即便遇到幸福青鳥短暫遠離的痛楚，以佛洛姆「自愛」的實踐，也能讓幸福再度回歸生命的燦亮處。

面對憂鬱，需要知識、能力和實踐遠離憂鬱的方式，你需要給予自己更多的愛與支持，而非單方面地只是期待他人的愛，抑或是渴望被愛。當你願意善待自己，才有能力愛人。愛並非取決於對象，而是學習去愛的能力，學習「自我同理」與「自我欣賞」。

明翰溫柔地寫下——給自己一個擁抱，並溫暖地對自己說：「親愛的你，辛苦了。」這些文字彷若一股暖流竄入心扉。明翰的遭遇猶如浴火鳳凰般，烈火的試煉、身上的傷疤，都是證明自己勇敢走過的印記。

謝謝明翰寫下和自己對話、相處的經歷，彷若是向生命低谷的人娓娓訴說：面對憂鬱的你，並不孤單。你會歷經痛苦的淬鍊，未來卻能珍惜內在的平靜，和人我之間細微的感動與真正的快樂。甚至，你會更有勇氣面對獨處的時分，你會更有自信，能從自己的內在獲得強大的力量，自助助人。就向佛洛姆說過的：「愛是人身上的主動力量。愛一個人並不只是一種強烈情感，它還是一個決定、一個判斷和一個承諾。」對於曾遭遇過憂鬱症的人們來說，這段無光的歲月，將會是生命最痛苦，也是最溫柔的時光。就像《非常律師禹英禑》最終回的經典台詞：「我的人生，雖然奇特又古怪，但同時也很有價值又美好。」揮別暗夜需要勇氣；迎光前行需要自信。或許，因為你走過了闃黑的仄徑，才能在曲折崎嶇處，望見饒富智慧之光的閃亮一隅。

【推薦序】

二十一世紀是情緒主導的社會

陳清圳（雲林縣立樟湖生態國民中小學校長）

對於憂鬱症者，往往最辛苦的不是病痛本身，而是要花盡所有力氣對別人解釋、掩飾，甚至承受各種誤會。

憂鬱患者，常常被貼上「逃避」、「懶惰」、「想不開」等等的標籤。但有時安慰的話，也會讓你更憂鬱，例如「放開一點就好，不要想太多啦！」。諸如此類的話，猶如對初學游泳者說，放輕鬆一點，身體自然會浮起來，但不會還是不會，安全與

憂鬱世代

接應才是真正的關鍵。

而明翰以文字鋪陳自身經驗，一方面回溯過去的憂鬱史，逐步接應自己的情緒，一方面訴說自己的內在感受，讓閱讀者知道如何關照與接應憂鬱症患者。

記得前些年，我一直很努力地想照顧別人，因此受到一些攻擊；我也有許多想做的議題不斷執行，但卻壓得自己喘不過氣。我感到胸悶、食慾不振、晚上睡不著，也經常感到很孤單，內心很無助，精神愈來愈差。後來去看醫生，醫生告訴我，我有輕度的精神官能症，也就是俗稱的微憂鬱，於是開藥讓我服用。

服完藥，當天一覺到天亮，確實改善了長期睡眠的問題。但經過兩、三天後，我意識到不能靠藥物來控制，於是安排自己重返自然、規律運動等，逐步地走出憂鬱的困擾，因此看了明翰的文章，感觸甚深。

情緒學習，是二十一世紀不得不面對的問題。你打開電視、電腦，其中討論的議題，有一大部分都與情緒有關，而情緒來自於思想，思想是自我認識的一種意識作用，其根本就是心靈的運作狀態。令人痛心的現況是，根據統計，從九十九年至一○九年，十五至二十四歲的自殺率仍在攀升；而三十歲以下，服用抗憂鬱劑的人數，從一〇五年到一〇八年，也以每年一萬人的增幅，持續增加中。

在這些冰冷的數字下，其實是一個個活生生的生命，必須正視，也必須了解。

明翰用自身的例子舉出三個方法，來接應憂鬱黑洞，也就是試著接納自己的情緒，並以自我覺察來提醒自己。

一、不要對自己不斷地挑毛病。

二、不要隔絕自己。

三、適度接納自己的負面情緒。

我這裡再補充兩個方法：

一、要適度地接近自然與戶外運動。

二、要跟一群人無私地做利他工作。

身處大自然，可以讓大腦的控制中心「前額葉皮質」放鬆並休息，而大自然主要透過降低壓力、放鬆來發揮作用。芬蘭天然資源研究所教授莉莎．蒂爾韋寧及其團隊，建議每個月至少要接觸大自然五小時，每週都要接觸幾次，以避免憂鬱。史丹佛大學研究員葛瑞格．布萊特曼團隊研究，一個到大自然中散步的人，他的大腦前額葉皮質區中，憂鬱性反覆思考有關的部位活動會降低，而且比較不會自責。記得我當年在最無助的那些日子，就是利用接近自然，降低我的負面情緒，讓自己逐步走出幽暗低谷。

此外，幫助他人的利他行為，也可以減輕精神痛苦。付出的時候，可以把負面情緒擺在一旁。付出時，也會排除那些籠罩你的負面情緒，例如憤怒、憎恨和嫉妒，而這些負面情緒顯然與壓力引發的心理及生理疾病有關。付出有益身心健康，另一種可能性是你必須過得好，才可能付出。

提出這些方法，無非是想讓受到侷限的心靈解放，因為唯有自由的心靈才能適應生活。

我們的心靈是什麼？它是風俗民情和數百年傳統的結果。這個傳統，也就是所謂的文化、社經影響、環境、觀念與教條。是社會藉由宗教以及所謂的知識和資訊，加諸心靈之上的。

我們從孩童時代起就被教導要相信某些觀念。我們受到教條、信仰以及理論的制約，我們每一個人都受到不同影響的限制。在那樣的環境裡，在那些狹隘、無意識的影響下，我們的思想萌芽。思想無疑是源自於記憶與傳統，而正是在這樣帶有意識與無意識、表層與深層的經歷中，我們與生活相遇。

明翰也在這種狀況下，無法適應而產生負面情緒。

生活永遠都在變動，從不止靜。然而，我們的心靈是靜態的。我們帶著被捆綁的心，帶著如此限制與壓抑的心，我們與持續變動的生活衝突，這樣只會製造出更多的問題。

要讓心靈解放，更需要自我察覺。

然而，自我察覺是非常困難的一件事。自我瞭解是一個過程，不是目的。要瞭解自己，需要察覺行動中的自己，通常有幾個步驟可以練習。

第一：覺知情緒。停頓一下，深呼吸，問自己是否有一點點痛苦。

第二：承認情緒。承認自己目前有情緒。

第三：允許情緒。勇敢允許自己有負面的情緒。

第四：接納情緒。接納自己負面的情緒，並與它共存。

這四點是明翰提到的部分。

第五：轉化情緒，試著運動、大吼、接近自然、進行利他工作，來轉換情緒。

最後，欣賞自己的不完美，讓自己與不完美同在。

克里希那穆提曾說：「你是什麼，世界就是什麼。你好，世界就好，改變自己，你就改變了世界。」

聽聽感受要跟你說些什麼，就像明翰在這本書裡所說的，我們每個人都可以試著接受「**完整，但不完美的自己**」。

【推薦序】

鑲著金邊希望的《憂鬱世代》

蔡淇華（作家；台中市立惠文高中圖書館主任）

睡前開啟莊明翰的《憂鬱世代——頂大生如何走出升學牢籠、社群競逐及自我價值困惑的憂鬱症》電子檔全文，原本預期看個兩頁，應該就會沉沉入睡。想不到迥異於過去「憂鬱閱讀」的沉重經驗，我竟然兩個小時內，一口氣讀完這本流暢好看的好書，而且心底竟然浮現出，滿滿的暖意與力量。所以我馬上回覆出版社：「願意寫推薦序，而且會大推！」

憂鬱世代

這幾年身旁憂鬱學生大增，在接連失去兩個憂鬱學生後，自己開始蠶食鯨吞，大量吸收相關知識，已閱讀的相關書籍近百本。莊明翰的《憂鬱世代——頂大生如何走出升學牢籠、社群競逐及自我價值困惑的憂鬱症》是少數的「自傳體」書寫，因此比學術性的書籍多了生活的細節，以及故事的趣味。

「憂鬱」是時代的風暴，每個患者都是一朵朵下沉的烏雲。大多數的「憂鬱書寫」，常把讀者閉鎖在闇黑的烏雲中。莊明翰一樣有自己的烏雲，也如實刻畫它帶來的懼怖的悚慄：

我覺得身體好累，心情很低落。我爬上床，看著天花板，突然覺得自己怎麼會變得如此落魄與糟糕。

我忍不住開始啜泣，而這哭泣沒有任何徵兆與緣由。我明明沒有任何傷心或痛苦的事，但淚就是停不下來。

那是我第一次被如此大量的暗黑情緒所包圍。

好像從天突然降下一塊大黑布，將我緊緊蓋住，而我所看出去的是一片無邊無際的黑暗。

但莊明翰也勇敢地探索四周，展現雲後的一片藍天：

我踏入了精神科的樓層，當下的我儘管虛弱，卻仍不時地觀察來看精神科的其他病人。可能是自己對於精神疾患的偏見……而那可能是世人最想忽視掉的醜陋。

不過出乎意料的是，坐在診間前的病患個個安靜不語；儘管可能大家的內心並非無風無雨，但自己當下卻有種想像受到顛覆的衝擊，我心裡直冒：「原來精神科不是我想像的那麼恐怖、黑暗嘛！」

而莊明翰的最暖心之處，就是用慧黠的工筆，去描繪烏雲鑲金的亮邊：

我終於有了機會可以去看見，內在很深很深的那個自己。看見他的感受，他的需求，他的脆弱，而因為「看見」了，所以能好好地被安撫、擁抱。

試著與自己的內在小孩說些話吧！你可以告訴他，你知道他的際遇。開心的時候，想為他慶祝，悲痛的時候，想為他拭淚。

當我們的內在有機會被同理，你會發現原來自己也可以陪著自己，而且給出的安全感，是別人無法剝奪的。

憂鬱世代

然而並非所有的憂鬱患者都能回望背後的藍天，或是撫摸自己的靈魂金邊，沒被社會安全網接住的生命，愈來愈多！

聯合國世界衛生組織（WHO），在二〇二〇年呼籲，憂鬱症造成嚴重的社會經濟負擔，在所有疾病中排名第二，僅次於心血管疾病，但憂鬱症卻是所有造成失能疾病的第一名。

台灣憂鬱症防治協會理事長張家銘主任指出，台灣的憂鬱症就醫仍不足，只有五分之一個案就醫，而且提早中斷的個案仍太多。如同去年有兩個學生拒絕就醫，詢問其原因，竟然是「不確診，就代表我沒有憂鬱症」。

莊明翰在書中大哉問：「為什麼我們的教育甚少教我們『認識自己』，以及除了成績以外的『自我價值與意義』呢？」如果家庭與教育界知能不足，無法編織一張扎實的安全網，我們就會不斷漏接珍貴的生命。如同莊明翰在書中提到，當家庭無法成為理想的避風港，加上憂鬱纏身時，他瀕臨崩潰。然而當同學以同理心接受他，甚至以實體的陪伴及話語打氣時，他內心的很多委屈瞬間被撫慰：

明翰：

雖然不知道現在這個問候來得適不適當，但我想跟你說，不管發生什麼事，放心，還有我這個姊姊陪著你的。

跟你相處，就像姊弟、很好的朋友般，而你會讓人很想對你好，不是因為你有多好的成就、能力、機會，單純就只是因為你是莊明翰！

你值得讓我們對你那麼好！我不想跟你說你要加油、你要快樂，做你自己就好。

這位學姊有足夠的輔導知能，知道憂鬱症患者需要的「不是加油」、「不是快樂」，是有人陪伴，是能夠做自己就好。

莊明翰說：「雖然只是短短的一則訊息，但好多的力量蘊藏在其中。」

憂鬱世代

《憂鬱世代——頂大生如何走出升學牢籠、社群競逐及自我價值困惑的憂鬱症》雖然只是一個大學生的「憂鬱斷代史」，卻有好多的力量蘊藏在其中。這股力量是整個時代都需要的力量。

推薦大家閱讀這本「誠實到讓人震顫」的《憂鬱世代——頂大生如何走出升學牢籠、社群競逐及自我價值困惑的憂鬱症》。期待因為這本書的出版與閱讀，能帶給民眾更大的力量，去面對憂鬱症的的世紀挑戰，甚至開啟一個全民抗憂鬱運動，化解精神病「汙名及標籤化」造成的傷害，也幫助這個少子化的世代，少一點憂鬱，多一份鑲著金邊的希望。

目錄

目錄

治療——精神科醫師與心理師；自我覺察與療癒

精神科醫師與心理師的陪伴、剖析

自我覺察與自我療癒（一）

自我覺察與自我療癒（二）

序曲——

大一，憂鬱症的造訪

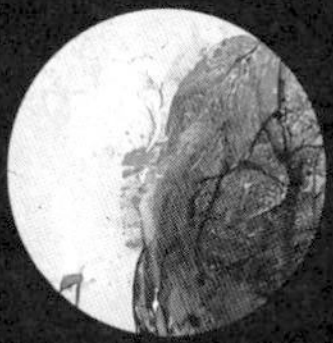

我怎麼會有「看精神科」的這一天？

我覺得自己好沒價值，也好孤單。

那年，我讀大一，我還記得那一天是十二月的某個禮拜五晚上，好不容易結束繁忙的一周，剛吃完晚飯的我，並沒什麼急迫的作業要做，但卻被一陣巨大的疲累感所襲擊。我覺得身體好累，心情很低落。我爬上床，看著天花板，突然覺得自己怎麼會變得如此落魄與糟糕。

我忍不住開始啜泣，而這哭泣沒有任何徵兆與緣由。我明明沒有任何傷心或痛苦的事，但淚就是停不下來。

那是我第一次被如此大量的暗黑情緒所包圍。

好像從天突然降下一塊大黑布，將我緊緊蓋住，而我所看出去的是一片無邊無際的黑暗。

我覺得自己好沒價值，也好孤單。

我是「憂鬱症」嗎？

其實在這一天前的幾個星期，我已經開始對很多事都提不起興趣。

每天早上睜開眼睛，但卻不想下床，想就在床上賴一整天；看到平日要好的同學，我無法展現一絲的熱情，只剩下一點勉強微笑，輕輕的一聲「嗨」對我來說都是壓力。

我覺得心裡有好重好重的負擔，不斷將我往下拉，但卻很難述說那是什麼樣的重擔。

掙扎著起身，我到電腦前打下我所意識到，但卻不太願意承認的三個字——「憂鬱症」。

螢幕上的 YouTube 出現一個精神科醫師談憂鬱症的受訪畫面。醫師林林總總列出憂鬱症量表的幾個指標，包括：心情低落持續好幾周、每天疲倦或無精打采、食量變多或變少，以及睡眠變多或變少……我看了幾項後，覺得自己大約有七成符合這些描述。

但我真的是憂鬱症嗎？那麼，我要去看精神科嗎？精神科聽起來好像很嚴重，我覺得當我要面對看精神科的自己時，我感覺有點糟糕。

我的內心有很巨大的拉扯，因為老實說，我對於看精神科的排拒感很大，也深深覺得自己怎麼「會有這樣的一天」。

但最後，我還是決定相信專業，去看醫生。

當晚室友回來時，我很慎重地對他說：「我可以拜託你一件事嗎？你要認真聽喔。」

我跟室友描述我這陣子的情緒困境，並問他：「你可以陪我去看醫生嗎？」

當說出這句話時，我覺得自己**把內心最脆弱，幾乎要崩坍的一塊交了出去**。

當下，我滿擔心室友會如何看我。

他會覺得我有憂鬱症，所以再也不想跟我接觸嗎？甚至他會不會覺得我就是一個有病的人？

「陪你去看醫生，沒問題啊。」室友不帶任何評論地答應了我。

儘管我在求助的當下有些猶豫，但當時的室友對我而言，是唯一的希望與浮木，也謝謝他對我的包容，在我最虛弱的時候陪伴著我。

一個能安放自己內心脆弱的地方

隔天早上，我踏入了精神科的樓層，當下的我儘管虛弱，卻仍不時地觀察來看精神科的其他病人。

可能是自己對於精神疾患的偏見，把《我們與惡的距離》或小燈泡事件拿來套用在對精神科的預想上，我內心預期會看到一堆情緒失控或精神異常的場面，而那可能是世人最想忽視掉的醜陋。

不過出乎意料的是，坐在診間前的病患個個安靜不語；儘管可能大家的內心並非無風無雨，但自己當下卻有種想像受到顛覆的衝擊，我心裡直冒：「原來精神科不是我想像的那麼恐怖、黑暗嘛！」

身心俱疲的我披著一件厚重的外套，在寒風徹骨的氣候與冷冰冰的白色巨塔中，試圖抵抗有更多的不適入侵我體內，因為當下的我已經疲憊不已，如果比擬為遊戲中的血量，我可能只剩100點當中的5點，這5點對我來說已經不是拿來戰鬥用的，而僅僅是走回一個有溫度的地方，在那裡靜靜地等待離去。

「莊明翰先生，請進診間，先進行量測。」護理師用安穩的聲頻呼喚我。

在量測完基本生理數值後，我進到醫師的診間。

「最近怎麼了嗎？有哪裡不舒服嗎？」

看見醫師的當下，我彷彿有了一個可以安放自己內心脆弱的地方，我開始將自己所有的不順與痛苦傾洩出來。

「已經有好幾個禮拜心情很低落，而且會沒有理由地哭，也很久沒有真正的開心過了；而且最近腹瀉的情況有些嚴重，但明明飲食都正常而且均衡。」

在我陳述完自己的主訴之後，醫師再接連問了我幾個問題。

我急著問醫師：「我這樣算是憂鬱症嗎？」

當下的我很需要一個能清楚解釋狀況的原因，在我對生命僅有絕望之際。

「我覺得比較像是精神官能症。可能因為學業跟人際的壓力，所以有些自律神經失調的症狀，同時心情長期處於鬱悶，加上最近天氣進入冬天，這些都是可能的原因。」

「那麼，除了吃醫生開的藥之外，還可以有別的改善方式嗎？」

「我自己也看過一些跟你類似年紀的學生，我會建議你好好放鬆心情，去看看生活中有哪些會刺激到你心情的事。完美主義也要盡量避免喔。」

為「救自己」，走進圖書館

看完醫生，腦海中除了重複思索醫生講的話之外，也覺得自己的情緒來得比較穩定。

就這樣，我看完第一次的精神科，儘管我的心仍然忐忑，但看完醫師後的那份照顧自己的感覺，讓我重拾了一些希望。

從醫院回到校園，假日清幽的氛圍使我的心安定了不少，不過我心中仍想著剛剛醫師說的「精神官能症」，儘管現在人手一機，總覺得還是得去圖書館翻翻資料，才會有收穫。

這是我第一次為了「救自己」而走進圖書館，那時的圖書館對我而言，與醫院沒什麼兩樣。

我殷切地期盼在汗牛充棟的層層藏書中，能找到一兩本救命書。我好想知道自己發生了什麼事，病因是什麼，我可以怎麼照顧自己。

我深信除了藥物之外，我還可以找到其他幫助自己好更快的方式。

打開學校的圖書查詢系統，我一一將「精神官能症」、「憂鬱症」及「低潮」等關鍵字輸入，跳出來的有年代久遠的精神醫學書籍，也有光看書名就覺得溫暖的勵志書。

我決定走進「心理」的主題書架。徘徊、端倪幾遍後，挑起一本古老、偏向理論的書，同時也挑了一本揮別憂鬱相關的書。

那時的我，面對拿在手上的兩本書，心裡覺得格外踏實，好像我握在手上的是救命仙丹。

不過當我沿著校園漫步，回想起自己在床上哭泣，以及行屍走肉的樣態，我又感受到自己已經快負荷不了的絕境。

「媽，我可以休學嗎？」

總覺得休學是一件「不正常」的事。

遠在彰師大讀書的我很需要一點溫暖，我打了通電話給在台北的媽媽。聽著電話接通前的嘟嘟嘟聲，我的心跳得很快，因為我並沒有讓爸媽知道我心情的低落。

我不想讓他們替我操心，也不習慣把這麼內心的事告訴他們。但或許是自己一個人的寂寞，讓我很想聽聽媽媽的聲音。我想得到一些安慰，就像我小時候跌倒時，媽媽給予的關心。

一聽到媽媽聲音，委屈都湧上心頭

電話接通了，媽媽的聲音從話筒那一端傳來：「你好久沒打電話回來了。最近過得怎樣啊？」

才一聽到這裡，我的鼻子就酸酸的。

我很不自在地用之前跟室友提自己的狀況時一樣的開頭：「媽媽，我要跟妳說一件事喔！」在停頓了幾秒後，我接著說：「我今天去看醫生，看精神科，因為我最近心情很低落，而且偶爾會沒有原因地哭，我想說我是憂鬱症，但醫生剛剛跟我說比較像精神官能症，沒有憂鬱症那麼嚴重。」

「那醫生有開藥嗎？」媽媽問。

「醫生有開了離憂（Leeyo），是一種抗憂鬱劑。醫生叫我試試看會不會有嚴重的副作用，叫我幾個禮拜後再回診。」

「你怎麼會這樣呀？是最近有發生什麼事嗎？」

當下的我，其實不太有思緒去整理。我跟媽媽說了一些最近的狀況，但也沒有全然說完。

「我在想……我有點想休學。我覺得我現在無精打采的。」

媽媽靜靜聽我說，沒有批評

當我跟媽媽提出休學這兩個字時，其實我並沒有很仔細地思考「休學」是一件什麼樣的事，以及我若休學，我該做什麼，又或我現在需要的真的是休學嗎？

「休學喔……你怎麼會有這樣的想法呢？」媽媽用平穩的語氣問我。

「我就覺得念書念了這麼久，一直都沒有喘息的機會。現在的我覺得念書不重要，我覺得還有很多更重要的事情，而我也覺得好累。」

很多逃避的情緒此時此刻浮現在我的心中，但這些話卻是對最親密的家人，才說得出口的。

「好啊，關於休學的事情，我們可以再觀察看看。如果你過一陣子沒有好一點，我們可以再一起討論看看，好嗎？」

我有些訝異，媽媽對於休學的事情沒有任何的否決。

對當時的我來說，「休學」這件事，我從來沒想過；總覺得那是一件「不正常」的事，不是我應該嘗試的。

媽媽那天對於我沒有任何的批判。她只是靜靜地聽我說，讓我放心地抒發自己的情緒。

我其實很謝謝她那天的包容；**那一通電話對我來說，無比重要**。

與媽媽通完電話後，我坐在操場旁的高台上。

周六的校園很空、很靜。我的心終於有些空間可以拿來感受，徐徐的北風與微微的陽光。

回頭看過往那些日子——

原生家庭，升學主義，同志身分

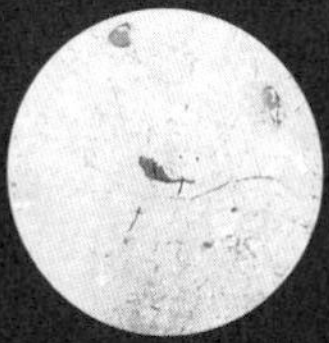

避風港反而有了最大的風浪

與爸爸的爭執，埋下恐懼

我心中能傾訴心事的對象，剩下媽媽。

我來自一個結構完整的家庭。我有愛我的父母，他們努力工作，不但供我衣食無虞，還讓我小學下課到安親班學習，國中到補習班加強課業；甚至還注重我的多元發展，讓我上舞蹈課、學烏克麗麗，全力使我成為一個受到良好教育的孩子。

裝病，逃離舞蹈課

還記得我從幼稚園到國小的時候，因為舅媽開舞蹈社，我便常常跟表哥一起去學舞蹈。當時的我跳的是芭蕾與民俗舞蹈。儘管每兩年一次的公開表演，使我非常有成就感，整個家庭都會來支持；但在每周的課程當中，只要一遇到拉筋、下腰或側翻，我就感到有些恐懼與吃力。久而久之，我心生排拒。

每次要上舞蹈課前，我都會心跳加速，甚至整個人顫抖，非常緊張。有時候，我會跟爸媽裝病，藉機逃過上課，但我總不能一再裝病，因遲早會被識破。

當時的我，不知道從哪裡突然對鋼琴感到有興趣，有一次在要去上舞蹈課的車程上，我還跟爸爸發生爭執。

「爸爸，我不想要跳舞。我可不可以學別的東西？」

爸爸說：「你想要學什麼呢？」

「我想要學鋼琴……」我當時很自然地說出自己的想要。

「鋼琴很貴耶。」爸爸回答。

那時的我有很多長期積累的情緒，或許我不是這麼地想學鋼琴，也不曾理解學鋼琴需要的費用，而只是想要逃離舞蹈課。

我激動地說：「對啦，我就是專門挑貴的來學啦。」

結果爸爸當時馬上從駕駛座作勢轉過來打我：「你說什麼！你再說一次看看！」

當時爸爸的動作很大，而後座的我遭受了很大的驚嚇，我哭了。

從此之後，我跟爸爸的關係惡化。

而我久久無法忘懷那時爸爸的情緒爆發，至今歷歷在目。

「情緒不穩定」成了我對爸爸的印象，儘管後來漸漸地抽離舞蹈課，但對我而言，那天是我心裡很大的創傷，並在往後一次次的父子互動中堆疊，最後關係破敗、疏離。

我心中能傾訴心事的對象，剩下媽媽。

受傷的內在小孩，夾在大人的矛盾、衝突裡

媽媽曾經希望我可以對爸爸不要如此在意，他說爸爸其實很在意，也很關心我，但在那個當下，媽媽沒有試著理解我內心對於爸爸的恐懼為何，只是不斷地說服我，跟我說爸爸也是第一次學習作為父親，希望我能換位思考，給予一些體諒與寬恕。

這對高敏感的我來說，逐漸轉化成我和爸媽之間一道道的牆。

小時候的我很愛說話，很喜歡天馬行空地把所有事都跟父母分享，但自從與父母的衝突一次次發生後，**我發現我的想法經常會「被否定」，並換來許多大人所認為的「應該」**。久而久之，我**開始因為無助而不再表達內心的聲音**，因為他們總站在大人的角度要求我，卻沒有看見我內心深處那個恐懼、受到傷害的內在小孩。

慢慢地，我們漸行漸遠，我也養成了壓抑自己的習慣。

而當我還在學習放下與和解的過程中，家庭裡的衝突卻持續不斷。

除了我對於爸爸的不信任與恐懼外，媽媽與姑姑之間彼此看不順眼的關係，也影響著

我的童年。無論是為了冰箱塞太多東西，或是為了回收、洗衣服這類的日常，她們也都有許多爭執。

我試圖不用「芝麻小事」去形容這些衝突，因為我可以理解在這些事情底下，是許多的「不受到尊重」、「坐享其成」與「受到剝奪」的情緒；然而無論是明著來的大小聲爭執，或是暗中的抱怨、計較，都使我長期處於高度敏感的狀態。

「到底我該跟誰要好？」「昨天媽媽才在抱怨姑姑的不是，結果今天姑姑要請我吃東西，那我可以接受嗎？」**這些矛盾的情緒，我無法向任何人說出口**。

面對大人的衝突，我必須要裝作視而不見，聽而不聞，如此一來，我才能稍稍減輕心中的恐懼與焦慮，我也才有比較平衡的心，繼續跟家中衝突的兩方相處。

從國中到大學，家裡都是戰場

家是一種痛苦，也是一種創傷。

以為家庭裡的衝突就結束了嗎？在我國一之前，我知道奶奶住在日本，向來我們都會用跨國電話給彼此祝福，但是直到小六，我才第一次到日本找她，給彼此大大的擁抱。

但我素來有個疑問，就是我有時會聽到姑姑或爸爸跟奶奶說話的口氣相當不好，甚至有幾次輪到我聽電話的時候，還聽到奶奶的哭泣聲。

當時的我不解，卻也不敢過問。

但聽說奶奶是在爸爸跟姑姑小的時候就拋棄他們，不告而別去到日本。換句話說，在爸爸跟姑姑的童年經驗中，母親的角色是缺席的。

就在我從日本回來不久，就接到來自日本的電話，主要是說奶奶被發現違法居留日本，即將被遣返回台。

當時的我竊竊自喜。印象中，那個對我很親切、很溫柔的奶奶要回來跟大家一起住，想起來就覺得很熱鬧，就如同從小到大照顧我的外婆一樣，我想她一定也會給我很多愛吧。

然而，後來實際相處後，不僅這份期待落空，家庭氣氛還漸漸變調，爭執更是一波未平，一波又起。

如同媽媽之前所預言的，那是一場災難的開始。

我們五個人擠在狹小的公寓內，光是關門太大聲、拜拜香燒太多太嗆，到爸爸與姑姑對於奶奶的冷淡與糟糕的口氣，原本我從跟奶奶很親近，到後來我感受到不同家庭成員之間的矛盾時，無形中，我也被影響了。

我開始不回應奶奶，即使看到奶奶，也不打招呼。

我和奶奶之間的關係漸行漸遠，形同陌路。

家不再是家

當然，奶奶也逐漸有了抱怨。

她不時透過電話，跟別的親人抱怨大家對她很糟糕，也直說在這個家裡，沒有人關心她。

於是，我們家進入烏煙瘴氣的氛圍。從我讀國中到大學之間，家中不太有笑聲。彼此的針鋒相對與冷眼旁觀，彼此心中有話不說，卻又暗自抱怨的狀態，使我覺得家不再是家。

回到家是一種痛苦，也是一種創傷。

避風港反而有了最大的風浪，這句話是我在八年的時日中，對於家庭的感受。

無論是媽媽對於奶奶與姑姑的怨懟，爸爸與姑姑對於被奶奶拋棄的不諒解，又或媽媽對於爸爸在關係處理上的無能所感到的失望，都在在影響著我，使我感到孤獨、矛盾與害怕，也失去了對於這個家最後一絲的認同。

我常常想，其實我相當的幸運。

假如少了我國、高中朋友的支持，我可能早已成為幫派分子或中輟、中離的非行少年，因為在我的支持系統中，家庭逐漸地萎縮，甚至曾幾度趨近於零。如果我再沒有友誼的支持，我終究會崩潰，支離破碎於一地。

所以我的家庭看似完整，有爸爸有媽媽，甚至三代同堂，有姑姑有奶奶，但你說家庭的功能完好嗎？

大家都受了傷，卻無法化解

每一個家庭成員都帶著自己過往的傷痛，而同處一個屋簷之下，無論是媽媽來到夫家所遭受到的歧視，姑姑成長中，作為女性被輕視的經驗，爸爸因備受疼愛而被剝奪處理複雜問題的能力，以及奶奶在波折中不為人知的過去，大家都受了傷，卻都沒有去化解，而這份傷就如同惡性腫瘤般長在家中，隨時可能引爆，且會代代相傳。

這些問題遠遠超過一個青少年所能負荷，同時，我也還沒有長出自己的心理界線，去分辨哪一些是我能解決的，哪一些是我必須置身事外的。

當然，我也無法期待小小的自己可以做到這些，所以我開始憂鬱、自卑且匱乏。

我開始質疑自己沒有被愛的價值，我開始厭倦這個給予我成長的地方。

家庭衝突的激化

我對姑姑說：「……我從來沒把奶奶當作是我的阿嬤！」

我的家庭其實帶有很多的複雜議題，但因為這些情緒過於龐雜，在家庭成員長期逃避的狀況下，漸漸變成了關係中的暗流，因此時不時的態度或行為，都會被放大檢視，卻從來沒有人想去核對對方的真實想法，僅單憑自己的推測去解讀，也變相成為對於每個人的精神折磨。

選邊站的痛苦

我常說我的家是三分天下。我與爸媽一國，姑姑一國，奶奶一國，彼此間幾乎能不交流就不交流，但這對每個人而言其實都是情緒的負擔。

沒有人不希望自己的家庭和睦，我們也都懂家和萬事興的道理，但它總成為停留在大門上的春聯提詞，卻半點也沒發生在現實生活上。

以我的視角所看到的，小時候，我跟姑姑的關係很好，甚至我看過冰箱上的照片是我們一同出遊的合照，但後來因為長期在家務上的意見分歧，加上媽媽與姑姑的衝突，導致媽媽有時會跟我抱怨姑姑；然而姑姑又經常對我好，這讓我的內心經常是混亂且衝突的。

一個是親自生養我的人，一個是在生活上相當照顧我的人，但似乎我必須要選邊站，而且這樣的抉擇時刻愈來愈常發生。

家庭風暴，愈演愈烈

還記得有一次，客廳又傳來爭吵聲。我不太記得大家為何而吵，但當時我在房間，我將頭貼到門旁，偷聽他們的爭執。

過程中，我聽到媽媽好像為自己辯駁，當下我想是不是媽媽受到了什麼委屈，為此我從房間走出來，試圖理解到底發生什麼事。

我必須坦承，我並不完全清楚整件事的前因後果，但我聽到的是大家為自己的行為各持己見，而整個爭執到後面，甚至捲入更多之前未解決的事，其中也包含對於奶奶的態度問題。

「你們有在關心她（奶奶）嗎？有幫她做過什麼事嗎？至少我還會幫她偶爾買些水果、零食，我花的都是我自己的錢。你們有做些什麼嗎？」姑姑對著爸爸說，也或許還包含媽媽跟我。

爸爸這時沉寂無聲。

他習慣在爭執中如此。

「我之前就跟你媽（奶奶）說過了，他（爸爸）並不是什麼都沒做。他要維持這個家的基本運作。東西壞了，他自己修。他也每個月都有給生活費，只是她（奶奶）沒有感受到。不能隨口就說兒子、媳婦無用之類的話。」

媽媽看似在給姑姑回應，但事實上，她也再次想讓在場的奶奶聽見。

結果奶奶聽了以後，她很激動地反駁。大抵是說兒子與媳婦是如何地冷落自己。最後姑姑朝向我，她對我說：「還有你，你學教育的，對長輩的態度可以如此嗎？你以後會這樣教你的學生嗎？」

聽到後，我頓失理智。

我氣憤地回說：「這和我學什麼有什麼關係呀？而且我從來沒把她（奶奶）當作是我的阿嬤！」

當下，奶奶還在喃喃自語地碎念，我卻又補了一句：「你閉嘴啦！」

我嚇到了。我被當下自己如此強大的情緒給震懾住。

我覺得我好失控、好忤逆。我覺得這不是我真正的樣子，但我剛剛確實向她們怒吼。

最後，我默默走回房間。

我坐在書桌前發楞，不斷地回想著剛剛的場面。

我難以置信這發生的一切。

後來媽媽進到我房間，她問我：「你剛剛還好嗎？我有點驚訝你會有這麼大的情緒。」

當下，我為自己辯駁，但我意識到那些給媽媽的回應，其實是想安慰自己。我跟媽媽說，我覺得剛剛的自己才是「正常的」。平時積累了太多情緒，無法說出口，我再也壓抑不住了，所以我剛剛說了出來。就只是如此而已。

儘管我試圖保持鎮靜，但我的內心其實波濤洶湧了許久。

一直到隔天起床，我都覺得要面對姑姑或奶奶，這對我來說都實在是一件難上加難的事。

我心裡無不是滿溢的困窘與尷尬。

後來，我的迴避開始加重，原本只是偶爾互動上的，漸漸地，我將自己與他們隔絕，不再有不必要的交流或互動。

到後來變成無時無刻的逃離，像是我要出門時，我總會在房間先偷看客廳是否有人，而我願意為了奶奶不在客廳的那幾分鐘，等上半個小時。

我無法忍受出門前穿鞋的那三十秒，必須與奶奶同在一個空間中，無論她有沒有跟我打招呼、說再見。

任何一個眼神接觸或是問話，我都感到極端窒息，心中起伏劇烈。

一句話，爸爸開始反思與改變

而當彼此的關係決裂後，要處在同個屋簷下時，心裡往往格外難受。

例如有一次媽媽因為與奶奶爭執而難過地躲到房間，當下爸爸同樣沒有說任何一句話，反而是在媽媽回到房間後問她：「你又在跟誰抱怨？」殊不知媽媽拿著手機，是想透過文字跟爸爸說剛剛到底發生什麼事，結果爸爸這樣劈頭一問，讓媽媽傷心透頂。

隔天，媽媽找了我，我們一起跟爸爸談。

媽媽說再這樣下去，她真的會得憂鬱症。

當時，我還記得我跟爸爸說了一句：「你有時候講話真的很沒有同理心。」

這句話很重，但不只替媽媽說，也是長久以來我對於爸爸的感受。

後來媽媽說我當天的那句話好像有影響爸爸，讓爸爸確實開始反思自己。

那一陣子，整個家裡都很辛苦。

我仍然在憂鬱的情緒中調適，也很難再承接住家中誰的任何情緒，但我依然會偶爾聽聽媽媽的抱怨，因為我愛著她，不過，我也知道過多的涉入對於我來說，都不會是件好事。

我對於整個家感到厭煩，這也是後來我諮商時很大的議題。我發現我對於家有很多的期待與依賴，尤其在我心理相當匱乏之時；但當我發現家裡也難以風平浪靜時，我開始有很多的怪罪。我怪家庭拖累了我，讓我雪上加霜，也怪自己從彰師大轉回台北政大，讓一切的生活大大變調。

忙著升學，遑論「認識自己」

夢想與現實的落差

我意識到「找到自己所想要的」，才有機會化解我遇到的問題。

大一開學理應是最快樂的新鮮人時期。剛脫離升學體制的束縛，可以好好地自由發展，尤其是離開原本縣市到外地求學的人，不再有父母的管控，想玩多晚就玩多晚，是多麼逍遙又青春的日子呀！

當時我在彰師大特教系讀書，而教育是我高中三年最期待可以進入的領域。

其實，高中時候的我，對於教育體制有許多的不解。不能明白所學與現實生活的脫節；不能明白學生為何需要血汗地拚搏，來符合大家對於好學生的期待；更不明白教育為何使人變得平庸，像是罐頭工廠般，不斷地製造一個個標準化的下一代。

在教育體制中受到的剝奪與苦痛，使我開始關注教育。我接觸到不同國家的教育理念，也曾實際走進日、韓的教室中，我更注意到北歐對於福祉（well-being）的重視，也看見亞洲不得不競爭的現實。持著對於國際不同教育制度的粗淺認識，我期許自己可以成為教育決策者，未來改變台灣的教育，也認為自己非常穩固地確認好自己的志向，非教育系不可。

不過，當時我的學測並沒有考好。經過六個多月的奮力讀書，仍舊無法戰勝升學考試。最後在一百個志願中，試圖拼湊自己的未來去處。

放榜當天，當我知道即將到彰師讀特教時，我其實是喜歡的。因為選特教的原因就是想要看看普通教育外的可能樣貌，也期待看見教育能真正幫孩子實現自我的一面。

當然，我必須承認我沒有把功課做好，我沒有好好了解教育或特教系的真實樣貌，例如未來的出路與學校的氛圍等，但也不得不說**有些經驗是必須接觸過後，才感受得到的**。

我們很容易選擇最多人走的路，卻不一定適合自己

舉例來說，在台北出生、長大的我，很難想像彰化的資源與活動無法與台北相比。我也很難想像在進入特教系後，會被假定與期待未來要成為一名特教老師，所以四年的訓練大多是為了應付教師甄試與教師檢定。

在我還沒想清楚之際，就已經要開始修習教育學程，這也真實反映出一個常見的問題是：「我讀師大，可以不要當老師嗎？」

可能你會想「你不一定要修」、「你可以放棄」或「你沒有必要從眾」，但對於當時的我來說，我其實對於自己「想要什麼」是不清楚的。我的每一個選擇都會讓我惴慄不安。

換句話說，在保守氛圍下的我，沒有勇氣做出連自己也還不太肯定的選擇，因此我只能且戰且走，按照這條最多人走、最安穩的道路前行。

我原以為大一的這段日子，我可以順利地確定自己是不是真的想成為特教老師，以及如果我不想，我該何去何從。

然而我卻逐漸意識到，我的心中有愈來愈多的不安，而隨著時間的推演，我仍舊必須確立好自己的想法，才不會騎驢找馬地對待自己的學習與生活。

記得大一上學期，我參加了某個學分學程。那時候，每周二晚上從六點上到九點，但我參加這個學程的原因，也只是因為很多人都會申請。

印象深刻的是，當時下課後，我偶爾會跟一位修同一堂課的朋友去繞著操場走。晚上九點後的操場有很多附近居民與學生在繞圈散步，我們也融入，成為其中之一。我當時經常跟那位朋友說：

「我最近上教育學程，我覺得某某老師偏向照本宣科。老師期中、期末直接開書考，雖然我可以拿到九十九、一百分，但似乎沒學到什麼。

「我最近好迷惘喔！我好像對彰師的生活找不到認同感。我覺得好焦慮。

「你還喜歡大學生活嗎？你有沒有也遇到一些瓶頸呢？

「我還是覺得彰化有些資源比不上台北。我有點找不到對這裡的喜歡，不知道該怎麼辦。」

透過不同方式，試圖解決眼前困境

當時常常與那位朋友聊一聊，一個小時就過去了。現在看起來很怨天尤人，但對於當時的我來說，已經快要被許多的不順心壓垮了。

當然，我也透過不同方式，試圖改善狀況。例如更督促自己，要對自己的學習誠實，或參加班代會議，向校方反映問題。但我也明白大環境並非一時一刻可以改變，那是結構性問題，而我只是隻小蝦米罷了。

我也曾用 LINE 跟我高中很喜歡的班導，聊聊當時自己的困境，我說：「我覺得自己對大學有很多期待，但或許太多了……在我的理想中，大學能有很多思辨的空間，不再只是知識的填充，但現在有些老師比較偏向照本宣科，沒有相互討論的模式存在，更別提對於教授專業與學科知識的質疑。教程及通識的老師，我都覺得制式化，感覺我自己讀就可以了……

「但是我想資源與環境才是令我無力的地方。系上的風氣是考教甄，但這樣有點閉鎖且固定，不太有多元的可能性。另外，彰化相較台北，資源沒那麼充沛。彰師的資源略少了些，彰化是安靜的城市，平日的活動也不多。」

最後我還提到，「不過，來到彰化後，交到好朋友，也覺得這裡的環境還不錯，但是大環境的保守與安逸，讓我有點沒有動力向前，而到了最近，更是覺得上大學沒有什麼意義。過一天算一天，令人迷惘。昨天我有一個不錯的朋友休學、重考，我不知道是不是上天給了我提示，但我覺得我有充足的理由離開這裡，至少到目前為止，自己給自己的答案是如此。」

這些文字是我回去翻找當時的對話紀錄，而至今，我仍覺得心有戚戚焉。

那是一份對於環境很大的無力感，雖然我也有應該砥礪自己的地方，但我明確地意識到「找到自己所想要的」，才有機會化解我所遇到的問題，同時我也努力地在為自己的未來思索，希望可以有個更貼合自己的選擇。

其實，每個地方都有自己美好的地方。例如，倘若沒有彰化的平靜與閒逸，我不會有空閒可以跟自己對話。此外，我也認識了許多庶民文化與美食，以及學習自主生活與人際交往；而回到台北，都會的便利與學術的薈萃眾所周知，但相對地，台北的快步調容易使人感到耗損，有時犧牲的是自己的情緒與健康。

有一好沒兩好，是相當實際的一句話。很多事也唯有切身體驗，才能真正理解。

台灣教育中的「受苦文化」

這些重要的思考歷程，對許多台灣的孩子來說，是「消失的」。

高中時，有一次搭公車上學，當我從車窗向外望去時，我看見另一所公立高中的校車。校車上滿車的學生，但個個東倒西歪。

坐在椅子上的學生抱著書包，頭隨著車體左右晃動；沒有位子坐的學生，要不是坐在地板上，不然就是握著扶手，低頭閉目，一點動靜也沒有。

車上沒有笑容，更沒有充滿期待的眼神，只有一張張疲憊到不行的臉龐。

只要努力考上好學校，一切前程似錦

看到的當下，我開玩笑地覺得真像載運屍體的靈車。只不過內心的悲哀也隨之而上，因為那正是我們青少年真實的樣貌。

又在高時數的教育下，這一張張的倦容怎會消失呢？

儘管現在是二〇二二年了，我們依舊會看見許多新聞報導，描述單親家庭、清寒家境或障礙者的孩子靠著自己的努力考上好學校。

我們很喜歡聽到美好的事物，樂於相信教育是讓社會貧富翻轉的利器。這些話讓我們覺得家境不影響我們對人生的掌控權，也因為這是一個社會認同的成功樣板，看到這篇新聞的我們，更應該起身拚搏，別人都這麼努力，我們憑什麼怠惰……

一連串的小劇場在我們的心中上演。認為只要自己努力，沒有什麼做不到。

但我們從未去了解報導中的那些年輕人，他在過程中取捨了什麼，他是否需要天天熬夜，去完成不合理的作業要求？他對於自己所處的體制作何感想，他對於自己考上ＸＸ

大學ＸＸ系，真的感到滿意嗎？

先不論有多少社會學研究，確切指出社經地位與就讀的學校有顯著關係，在我們這麼絕對去思考的過程中，盲目的社會價值驅動著我們，從眾地去追求單一、扁平的成功目標，卻**忘了回過頭來問問自己喜歡什麼，我自己有多少能力，我的專長又是在哪些領域**。這些重要的思考歷程，對許多台灣的孩子來說，是「消失的」。

我們知道要努力考上大學，但為的不只是自己，很多時候，還有後面的家人、老師，與大環境的期待。

在這一段沒有「心理界線」的歷程裡，當我們去做一件並非我們實在想要的事，內心的委屈也習慣壓抑，於是總有一天會爆發與反噬，甚至毒害我們人生的其他面向。

孩子為符合父母、老師及社會的期待，錯過「認識自己」

拉到更高層次來看，我們之所以擺脫不了受苦文化，主要是文化中集結了太多鼓勵受苦的論述。

「苦其心志，勞其筋骨」，當我們感到辛苦，要記得忍耐，只要通過了，就會成功。這是上天的考驗，是成為偉人的必經之路……

我並不是在否定「努力」的效用，不過在努力前，我們要先了解，哪些地方是我們發自內心嚮往的，也是我們個人所認同的。

而許多事並非努力就會有收穫，也有些事不用受苦，更重要的是彈性，能傾聽與表達，事情才有可能被解決，又或帶著未解決的事繼續前行，不執著於一定要完成。

恐怖的是，當教育將這些論述奉為「教學理念」，不管孩子在水深火熱中的嘶吼，只在終點對我們微笑說：「再辛苦一點就到囉！」這麼做，其實是刻意忽略了孩子的感受。

我們可能會感受到自己的情緒，並不被社會認同、接納，久而久之，也開始學會去抑制自己的痛苦；不斷餵自己毒雞湯，相信流血流汗都是為了更好的未來。

華人社會對於孩子教養的焦慮程度是攀升的，而在教育擴張的過程中，親子之間的疏離也漸漸拉大。

我們經常會認為父母不理解自己，卻又因為自己必須倚賴家庭，才能滿足最基本的生存需求，而不得不壓抑、忍耐。

但**長期的匱乏容易導致孩子自我概念（self-concept）低落，認為自己不值得被愛，也沒有權利說不**，然後就過著庸碌、盲目的生活，總強迫自己要做什麼事，去證明自己的價值，然而那些事都仍是在努力符合社會的期待。

一旦失足、失敗或沒了掌聲，我們很可能會頓失目標，反過頭來責備自己的不是。

孩子很可能因為自卑，所以在人際關係中不斷地討好，就像在學生時代要討好爸媽、老師一樣去獲得認可，不敢說出內心感受、找不到自己能肯定的事物；又或者他可能認為自己在一段關係中必須「控制」他人，以釋放自己長久以來的壓抑，同時也證明自己的能力優於他人，就這樣**複製了那些過去父母師長曾對他做的事**，甚至在親密關係中對伴侶施暴，以為那是一段好有安全感與控制感的關係，卻沒有看見被他掐住的關係，就像手中的沙粒，抓得愈緊，只會流失更多。

孩子失去學習「覺察自己的感受」，並「表達出來」的機會

以為只有這樣嗎？埋首讀書的他，很多時候連自己有什麼感受，也說不上來。因為過去師長叫他不要想那麼多，乖乖讀書比較實在；更別說要求他理性地表達出自己的想法。

不斷地壓抑，只會讓他在一段又一段的關係中感到孤獨。

不是身旁沒有人，而是不懂表達的他，讓人難以理解，同時也只能逃避關係中的大小衝突。

世界是公平的，家長要孩子努力，卻沒有問過他的感受。

當他生命不如意的時候，他懷疑自己，也責備那些曾給予他期待的人。

你告訴他，自己的人生要自己負責，他怪你當初沒有界線地塞給他成功清單，要他履行。

當長輩自己沒有界線，又怎麼期待孩子會成為一個有界線的獨立個體呢？

而這一切的重點在於，有沒有讓孩子去覺察自己的感受，並表達出來。

憂鬱世代

社會用迅速、便利的方式去洗腦，灌輸他們何謂優秀，何謂懦弱；然而更可悲的是，在盲目中長大的我們並未清醒，一代代地複製這樣的舉動，毫無意識。

我們都在不是那麼有愛的環境中長大，或許嘗到了一些甜頭，讓我們感受到物質生活的美好，但是捫心自問，我們真的開心了嗎？如果可以再來一次，我還會再做一樣的選擇嗎？

我所受到的鐵血教育，真的沒有讓我犧牲掉其他也同等重要的能力嗎？

忙著升學的我，遑論「摸索自己」

我感受到我存在的意義與價值，是用我那顆頭腦不斷地記取資訊，把它輸出到一張又一張的考卷上。

回想起國、高中的時日，一天八節課的那些時光，總覺得教育怎麼會這麼殘酷，讓一個年輕的生命在無盡的書本中耗轉。

還記得高三為了準備大考而焦頭爛額，對我來說，午睡是難得可以閉上眼睛，讓腦袋稍微停下來的短暫片刻。

三十分鐘的午覺時間很多嗎？經驗上，光是要靜下心來就需要一段時間，而正當要慢慢地入睡時，下課鐘往往就不經意地敲起來。

我總是疲憊且滿臉倦怠，因此緩步走進廁所，掬一手的冷水往臉上潑，試圖讓自己更清醒一些。

不過，在午覺剛醒來的第五節課，我們嘴嘟的嘟，臉臭的臭，老師睜一隻眼，閉一隻眼。

但有時老師仍會有忍不住的時候，還記得有一次班導暴怒，她大發雷霆地讓全班罰站。

「現在是怎樣？我問問題，都沒有人要回答？」

「你們有情緒，我也有情緒耶！全班給我站起來。不想上課，就都給我站著。」

當下，我可以理解老師的憤怒。她常說自己是唱獨角戲，總是熱臉貼冷屁股。

我也知道老師其實明白我們的辛苦。那種早上被大考、小考荼毒完，中午只有一小時要吃飯加午睡的可憐，所以她不常發飆，但在那當下，我不免也覺得內心有些委屈，覺得那根本不是人過的生活啊。

我們都像考試機器般長大

上完一整天的國、英、數、歷、地、公、理、化、生、地科……隨之而來的是晚自習或補習班。

晚上九點、十點離開學校或補習班後，拖著極為疲憊的身軀回到家，我已沒有任何精力，再跟父母多說什麼。

但對於隔天的考試，仍不放心，因此勉強再讀一下，最後焦慮地入睡，因為明天又有不斷的大考、小考。

紊亂的心，很難有平靜的片刻。

多數的我們，都是這樣長大的，不是嗎？

不知道身為過來人的你，是如何定義這段教育的歷程。但對我而言，那段時間確實水深火熱，甚至在高三充斥著小考、段考、模擬考、學測與指考的時間中，我覺得我完全地失去了存在的感覺與意義。

我所感受到我存在的意義與價值，是用我那顆頭腦不斷地記取資訊，然後把它輸出到一張又一張的考卷上。

說是考試機器，也完全不為過。

我們很少在備審資料或升學考試中，需要與外在世界分享「我是誰？」「我從哪裡來？」或「我要往哪裡去？」這類需要思辨、覺察的過程，因為我們的社會看重的是結果，是你參加了哪一些營隊、你的英文檢定多少分、你的在校成績如何，以及你的學習計畫是什麼。

到後來，更變成栩栩如生的「軍備競賽」。學生彼此明爭暗鬥，參加活動為的是最後拿到的證書，學英文是為了考多益，而非使用，又服務學習單純是為了時數要求。不斷地讓學生應付我們的體制，是我們的教育最醜陋的一面。

青少年自殺人數逐年攀升

令人痛心的現況是，根據統計，從九十九年至一百零九年，在十五歲以上的所有年齡層自殺趨緩下降的背景下，只有十五至二十四歲的自殺率仍在攀升；而三十歲以下，服用抗憂鬱劑的人數，從一百零五年到一百零八年，也以每年一萬人的增幅，持續增加中。

在這些冰冷的數字下，是一個個活生生的生命。

這些生命歷經了折磨與挫折，最終選擇服用藥物或離開人世；之前有人呼籲不要以「輕生」來稱呼這些人的抉擇，因為他們或許沒有「輕忽生命」；反而他們在真實世界中，面對了我們難以想像的重擔，幾經折磨後不得不一躍而下。

至於二〇二〇年底台大發生的接連自殺事件，更讓社會看見青少年的心理健康問題。《報導者》做了一系列專題，談論頂大生因為肩負太多的期待，導致他們連喘息的空間也找不到；當然不只頂大的學生，如果我們不清楚自己的價值，沒有辦法調適生活的困境，沒有能力去處理人際關係的衝突，其實我們都一樣脆弱，一樣痛苦。

有負責的空間，才有獨立自主的機會。

我記得有位老師曾經對我說：「你們知道嗎？還在讀書的你們很幸福。有很多人在背後為你們負責、撐腰，你們才可以安心學習。」

這句話沒有問題。

確實我們身為學生，有父母提供我們零用錢與學習機會、有教育體制與很多教職員替我們安排課表、師資及好的學習環境，當然還有好多的老師陪伴我們學習、成長。沒有這些支持，我們不可能安穩地坐在教室，好好上課，甚至對於有些來自辛苦家庭的孩子，這些更不是必然與應該的，因此我們要學習感恩、珍惜。

「完美的」照料與打點，剝奪孩子獨立自主的空間

但是，教育體制是否在某種程度上過於溺愛與呵護我們呢？

面對瞬息萬變的世界，我們卻長時間坐在水泥建築裡，好像許多事情都亙古不變，也滋養了我們產生「絕對」的思維，例如習慣用學歷、成績去定義自己或他人，以及認為好學生就該沉潛學習，努力鑽研學術；壞學生才會去夜店、酒吧等。

許多大學生共同面臨的問題，就是「時間規劃」。面對不再塞滿的課表，如何規劃自己的時間成為我們該學習的課題。這對有些人而言是種困擾，而非解脫。

因為**過往我們很少有機會為自己做選擇**。我們一路被安排長大，想當然不知道自己喜

歡什麼，也不知道該如何選擇。

而常常在**選擇的背後就是負責**。

有時，我們會對自己的選擇感到懊悔，或不知所措；而如果我們回到前面提到的「絕對」思維，我們很可能會把選擇後的失敗或過錯，解釋成自己的無用，因而陷入憂鬱的循環，無法自拔。

但如果我們今天有足夠的選擇經驗，我們可能會知道選擇都是一時的，而且並不代表自我的價值。

只要我們去調整與挽救，事情會有好轉的機會，我們也將因此獲得成長，成為更能為自己的決定負責的人。

如此兩極的發展，就因為我們有沒有選擇與負責的經驗，而產生差別。

如果今天教育體制期待我們事事都照著安排走，乖乖地選普通高中、選自然組、選醫學系……就在我們不用選擇的過程中，我們也就不需要思考自己的喜好，不需要為自己的選擇負責，更不需要獨立，所以體制最終是不是在豢養一個又一個只會升學的「巨嬰」呢？

回望老師當初說的那句話，我仍舊清楚老師要我們感恩的美意，但也是因為這些「完美的」照料與打點，剝奪了我們獨立自主的空間，甚至是剝奪我們身而為人最基本的存在價值——我思故我在。

在體制內，我不需要有太多的思考，聽話就好。

不斷投書，年輕的教育反抗

那樣的艱辛與疲憊，
使我國中畢業後就對父母說：「等我上了高中，我絕不補習。」

我的年紀不大，二十一歲的我，剛脫離國民教育階段不久。回想起國、高中的生活，感觸極深。

國中的我，成績不算太差，大約稍微用功，名次還可以勉強維持在班上前三分之一。那時候的我，最差的科目是數學。記得在國三會考前，好幾周的中午，數學老師特別幫我們加強。

儘管中午時睡意濃厚，我硬著頭皮努力惡補，最後考上一所還不錯的高中。

上了高中，因為我的入學成績是所有學生中的尾端。雖然這個年代已經不能再使用能力分班，但艱澀的數學仍赤裸地將我的程度揭露出來。

挫折的是，當時高一小考，我已屢屢不及格；而自認用功的我，卻仍在期中、期末的大考中，考出難以置信的二十七分。

為什麼會考這麼差呢？我其實也不是很清楚。或許是用錯了方法，但當時光是要把課本上的習題搞清楚，我便精疲力盡，更別說靈活的進階考題了，我自然是難以招架。

但我堅持不補習，因為在我考高中的時候，我被安排去補了全科。

考高中時，每一天從早到晚不停歇的上課與補習

當時除了周一到周五，要在學校晚自習到九點，周末全天，還要在補習班從早待到晚。那樣的艱辛與疲憊，使我國中畢業後就對父母說：「等我上了高中，我絕不補習。」

最後想當然耳，高一上、下學期的數學，我都不及格。

除了暑假還要再去學校重修外，當時參加的大使團，也一度被父母勸阻。父母認為學業是本分，沒有搞好前，一切都不能肖想。

習得無助感如此之重。有好幾夜，我跟父母爭論到一把鼻涕，一把眼淚。我痛恨數學使我如此痛苦，使得我難得可以享受的社團時光與暑假都被剝奪殆盡。

我開始從檢討自己轉向檢討體制。究竟是什麼至高無上的存在，可以把一個人的熱情與天賦拔得所剩無幾？台灣的教育下，又有多少如同我受苦的孩子？

氣憤的我，開始投書到各個機關。下從台北市教育局，上至教育部國教署及大考中心。我認為自己正經歷最真實的教育現場，那個與各種良好績效相悖的血汗煉獄。

當我看到台北教育被國際評比得多麼理想，我實則感到有些哀傷。因為有多少的學生在體制下受到犧牲，無法好好展翅飛揚。

年輕氣盛的我，投書的內容自是無法多公正、客觀。

我當時努力想用各種法規來掩蓋自己的情緒，但寫完整篇後，才發現像極了一個冤枉小民的血書，如此激情、如此憤慨。不過，那也是很真實的我，我何必為了冠冕堂皇而東遮西掩呢？

最後，我收到來自各機關的回覆，內容大多是會再檢討、改進，而我也摸摸鼻子，便繼續挑燈夜戰，就像是已出了口氣，也該回歸現實。

以「魯迅散文集」提醒自己，莫忘初衷與堅強

現在回首來看，我挺喜歡自己的骨氣與堅持。

我沒有默默地吞忍體制中的無奈，而是在能力可及的範圍，表達現場的醜陋與哀愁；同時，我也堅持沒有補習。

我深知使自己的心靈自由有多麼重要。我不願再回去那樣的囹圄，儘管我的成績實在不堪入目。

有趣的是，高中時，從國文課本讀到魯迅的〈孔乙己〉以及儒林外史的〈范進中舉〉，其中所論及的教育窠臼及人性醜陋，都深刻地烙印在我的心頭。所以當我怨天怨地的準備高三指考時，我便放了魯迅散文集，在書桌前最顯眼的地方，提醒自己，在不得不低頭妥協時，別忘了那份想要疾呼的初衷與抱負。

到了二〇二二年的現在，我看到教育現場又多了些不同，像是早自習不能再考試、延後到校時間、服裝儀容只能正向管教、第八節及暑輔不能強迫參加等，我相信這是所有有志之士共同努力的成果。

教育不再只有上對下的管教關係。學生自治的風氣遍地開花，共同打造更為人性且民主的教育體制。

期盼有一天，我們的孩子無論小學、中學，都能在裡頭成就自己也喜歡的自己；同時，不必再為社會的期待，犧牲自己的任何一部分。

我相信有了那樣的教育，社會的種種糾紛、暴戾，也會被更多的幸福與滿足取而代之。

同志身分的自我認同

關係，照見自己

我的焦慮來自於缺乏安全感，因此我好在意對方回訊息的頻率，也因為自卑而擔心被拋棄，常沒有界線地討好或退縮。

我從小學就知道我跟別人不一樣。我喜歡男生，我是同志。但在我國、高中期間，我不曾好好跟自己的這個身分相處。一方面，國、高中是升學的重點時期，群體對於情感關係並不是相當熱衷；另一方面，我明白出櫃不是我能負擔的，因此這個身分被塵封在內心深處。

在我國、高中時期，我各喜歡上一個男生。他們的共同特徵是很喜歡運動，個性也都相當木訥。

還記得對於國中喜歡的對象，我會特別去看他打球，還要裝哥兒們的樣子相處，偶而講講「屁話」；而面對高中的對象，印象深刻的是某次班導要換位置，我刻意把他排在第一志願，儘管在宣布的時候有些害羞、刺激，但最後如願以償地坐在他旁邊兩個月，偶爾我還會裝出討厭他的樣子，營造若即若離的距離感，是段非常青澀的回憶。

這兩段的「異男忘」深烙於心。那時儘管知道關係的不可能，但心中仍會有所想像，並感覺到心跳加速的甜蜜感。

或許因為性向的緣故，我對於感情相對陌生且空泛，就在不少同學都開始交往或曖昧時，我卻懵懵懂懂，連帶地，**我開始面臨自我認同的不穩定，我害怕沒有人可以接納自己真實的一面**。

或許不敢說，也是因為自己的個性壓抑。但其實內心有好多說不出口的情緒，很希望可以被好好聽見。

獨自背負說不出口的祕密，沉重、無助

還記得讀高中時，在面對喜歡的男生時，那份不可以說出口的壓力，使得我覺得自己怎麼這麼悽慘，愛上一個明顯不可以愛上的人。甚至連問都不用問對方，我就知曉結果。

有幾次在回家的路上，我配著 Ed Sheeran 的情歌。寒冷的黑夜中，我在路燈的陪伴下搖搖擺擺地走著，口中喃喃自語：「XXX，你知道我喜歡你，但我就是說不出口。」

接著，我在毛毛雨中哭了起來。我將外套摀住自己的嘴，不想讓人知曉我在哭泣，但明明我心中滿是無助。

我也曾在床上抱著棉被痛哭，我對自己的無助感到痛苦。

我意識到自己不可能將這個身分跟任何人說，也代表沒有任何人可以理解我的折磨；而我更擔心自己將因為性向而過上孤獨的一生。在未來，我不可能像正常人一樣，有機會可以擁有美滿的家庭與餘生。

好多情緒就在那幾個晚上席捲而來。

我獨自消化，卻也繼續背負著這份擔憂，繼續生活。

父母是我最希望，卻也是最難以揭露的對象

「自我揭露」對於同志，相當重要。

一開始，通常不會跟父母說，反而是跟自己最親近的朋友說。

如果幸運得到友善且接納的回應，接著才會是手足，父母通常會是最後說的。

但掙扎也在於，如果接受到歧視或是排拒的回應，可能會提早面對認同的早閉，開始對於自己的性向遲疑，甚至自我譴責。

不過，對我而言，父母是我最希望，卻也是最難以揭露的對象。

我很希望父母可以由衷地接納並支持我，甚至會期待父母來參加我的婚禮，這對異性戀來說，應該是極為普通的事，但對於身為同志的我，卻始終只能擱置於心。

交友軟體的使用，加深自我的懷疑

在我上了大學，到外地讀書後，我開始下載交友軟體，去認識同志朋友。

交友軟體對於同志族群來說，是相當重要的存在。儘管台灣風氣逐漸走向開放，但我仍然會擔心自己的身分曝光，尤其是當對自己的身分仍在探索時，那份小心謹慎是如履薄冰，深怕被誰知道，會換來異樣的眼光，但同時在我的內心深處，卻又極度希望可以開始嘗試親密關係。

交友軟體就在這時候提供了一個讓人有些抗拒，卻又不得不使用的平台。

而在交友平台提供很多的選擇之際，我也不得不把自己的身分、細節呈現出來。從最基本的身高、體重、年齡，到性方面的角色與喜好，這種外顯的「交配價值」一覽無遺。有了這些資訊，讓使用者養成了快速判斷的慣性，並連帶衍生出對於身材或氣質的歧視，「拒胖、拒C、拒娘……」的字眼隨之而生，而有些人就將這些價值內化，變成一種批判自己或篩選別人的規準，成就了速食愛情。

與此同時，我面臨了一些價值的抉擇。

在我先天對於自己認同就不足的狀況下，交友軟體的使用，更加深了自我的懷疑。

我遇到一開頭就說許多甜言蜜語的人，但卻在短短兩天內就消失得無影無蹤，我也遇過只想跟自己發生性行為，甚至還希望以危險的方式進行，使我面臨對於性與愛的價值衝突，以及是保護自己，抑或該滿足親密需求的矛盾。

在安全的情況下，接納更多的體驗

一開始，我只是單純地想在軟體上找到可以認識的圈內人，到後來開始接觸到一些充斥性的圈內文化，這對於連自己想要什麼樣的關係都不清楚的我來說，經常會有不知該如何是好的感受。

是去嘗試嗎？還是我要堅守一些難以名狀的道德觀，例如在婚前不發生性行為，維持「處男」的狀態？

有太多的狀況都是前所未有的，因此有很長一段時間，使用交友軟體對我來說是混亂的。

後來，我有時會抱持著「試試看」的心態。

只要在自己安全的情況下，覺得有更多的體驗並非壞事，好像不用有太多的道德評斷，因為也唯有嘗試過後，才會更清楚自己喜歡什麼，又需要什麼。

從愛情裡，看見自身的困境與難題

不過，也曾有一段時間，我感到相當挫折。

我認為自己的身材、體態不夠優，自己的氣質不夠陽剛，也認為自己的價值只有滿足別人的性需求，而沒有真愛。

這一切都回歸到對於自我的貶低，加劇了我原先就對自己自卑且匱乏的心理，著實難受痛苦。

但後來我才發現，原來許多時候，關係都是在照見自己的樣貌。

例如，透過關係的互動，我覺察到自己的焦慮來自於自己缺乏安全感，因此很多時候我好在意對方回訊息的頻率，又或因為自己根深柢固的自卑而擔心被拋棄，而沒有界線地討好或退縮。

關係之所以能夠照見我們的樣貌，是因為**我們經常把自己的需求投射進去，然而多數時候，我們只感受得到自己的情緒**。

唯有當我們覺察，小心翼翼地**揭開情緒之下的渴望**，我們才有機會清楚自己對於感情的期待，以及這份期待是否合理，進而去調整或改善。

年輕時的短命戀是常態，因為我們對於愛都不熟悉。雖然感情的離別總是痛苦難受，甚至可以說打擊重重，但我們也會在熬過後感到脫胎換骨，那是每段戀情帶給我們最好的禮物。帶著它，我們都可以以更成熟的自己，去面對未來那個更適合的人。

同志身分的接納

媽媽的反應與我想得天差地遠，我原已準備好要接受她的失落。

我必須坦承，我當時對於同志身分的接納仍然不完全，但我仍舊在不同階段的人生中，有所斬獲，也希望分享自己的經驗，可以讓身為性少數族群的夥伴有個參考，又或提供非性少數的大眾，一個可以同理與涵容的空間。

在第一年到彰化讀書時，我恰巧在台中同志遊行前幾天看到訊息。我心中有很多的掙扎。如果要找人去，我該找誰？又或者這場活動對我的意義可能會

給愛一個機會：婚姻諮商

羅子琦（諮商心理師）◎著

定價340元

我們怎麼會走到這裡？

諮商室內，最坦誠的伴侶面對面，
愛的考古題，掏心拆解。

市面少見呈現「婚姻諮商」真貌，如此寫實，又似曾相識。

羅子琦心理師運用對話與練習，協助雙方明白其實兩個人都受傷了，進而看見彼此的困境和限制，也能尊重對方的努力，重建對於關係的信任，以及自信。

給愛一個機會，並給自己一份接納，我們陪伴著彼此，走一段修復的路。

是什麼，還有我內心對於這個身分的陌生，都需要我一一安撫。

最後，我找了一位同班的女同學，她欣然答應陪我去。

那天，天氣相當晴朗，我們跟著遊行隊伍繞台中街區一圈，還逛了彩虹市集，並欣賞舞台上的表演。

不過，當下，我的內心五味雜陳。

第一次接觸如此多形形色色的參加者，面對他們的外放，我顯得格外內斂，但我對於舞台上的表演印象深刻。我覺得他們能以自己覺得最美麗的姿態演出，同時大家投以的是接納與支持的目光。整個氛圍，讓我覺得備受鼓舞，也為我開啟不一樣的眼界。

但當時的我，還不敢向任何人表達自己的身分，包含陪我去的那位同學。

開口對朋友坦承同志身分

或許是因為那次的振奮，隔年的寒假，我和高中最要好的朋友聚在一起，我們回到母校走走。

當我們緩步沿著中軸，走到最上方的生態池。站在平靜的方塘前，我的心中上下起伏，那是我第一次那麼迫切地想要跟別人坦承。

但我心裡又很緊張且害怕，因為不清楚朋友們聽完的反應會如何。

「那個……我跟你們說一件事喔。」在靜默中，我悄悄地拋出一句。

「好啊，你說啊。」他們將目光轉向了我。

「我……我……就是……」想說的話已經到了喉頭，我卻仍無法脫口。

「我覺得我知道你想說什麼！」其中一個朋友用微笑對著我說。

「啊……真的嗎？那……你覺得我想說什麼……」

這時，突然陷入誰先講，誰先贏的莫名氛圍。我們彼此相視而笑。

「唉呦，好啦！就是……我是同志。」

剛剛那位朋友說：「吼，我就知道你要講這件事。」

另外一位朋友則帶點震驚說：「真的假的！」並接續問很多問題。

我說完之後，仍有點不可置信。這件事竟然會如此難以開口，而我竟然將這件事說了出來。

說出來的當下，不算如釋重負，但我至少意識到自己過了好大的一個關卡。我也大大鬆了一口氣。

媽媽的接納——我是個幸運的孩子

後來某一天晚上，混雜著自己剛轉學，需要被更多關愛的心理，我請媽媽進到我房間。

媽媽坐在我書桌旁的床上，我表現得抑制且冷靜。

不多不少，我精準地說出：

「我是同志。」

「你確定啦？」媽媽輕聲地說。

「嗯，我確定了。」我也輕聲地回。

媽媽的反應與我想的天差地遠，我原已準備好要接受她的失落。

我便問她，我在講座上聽到的：

「妳是真的冷靜嗎？我不希望妳是因為覺得要為母則強，才表現出這個樣子。」

「我還好啊。之前當你跟我說你還在摸索，但有可能是的時候，我就多多少少有準備了。」

那是我之前想跟媽媽說，卻說不出口時，藉由別的同學的例子給她的暗示。

那天，我其實準備了不少相關的文宣，因為我想既然是長期的陪伴，我也希望媽媽在困惑、不解時，可以有資料能參考。

我也跟媽媽說我把文宣放在房間，請她需要時，可以跟我討論或來看那些資料。

我想，我是個幸運的孩子。

我謝謝媽媽可以這般地接納我；我也期待未來能獲得爸爸的認同，讓他們知道我還是我，並沒有因為這個身分而有所不同。

記得蔡康永曾在節目上說過：「感性上，我鼓勵出櫃，但理智上，我不會鼓勵。」身為前輩，他明白社會不是處處都有美好，他也看過那些傷害與欺凌，而另一句話，他說：「我們不是怪物。」我們真的不是怪物，如果可以選擇，沒有人會想被歧視與貶低，也不需要那麼辛苦地為了能夠「愛與被愛」而爭辯不休。

想告訴同志青少年：「我們已經很勇敢，也很堅強了。」

身為青少年，對於自己的定位有很多的期待，也伴隨很多焦慮。同志青少年一直以來是自殺高風險族群。

對於同是同志的你，以及我，我想說，只要我們活下去，就有改變的希望；學著活得舒適一點，**即使沒辦法全然地接納自己，也沒關係**。別為了強求自己可以被認同，反而把自己弄得遍體鱗傷。我們已經很勇敢，也很堅強了。

當然，也可以試著去**覺察自己是否有「內化的恐同」**，例如「我是同志，但我也害怕同志」，這對於許多青少年同志來說，是常見的。

如果有的話，可以試著去思考，是不是有些害怕是想像出來的？是不是我們還沒有經歷過而先入為主了？

而對於不能理解同志的人，我想不妨可以先覺察自己的恐懼與擔憂——例如，若婚姻不是一男一女，就不完整了嗎？還是我們害怕的，是社會的不接納？是左鄰右舍的七嘴八舌，還是我們自己理想的幻滅呢？

同性戀與異性戀在感情中，並沒有什麼不同。

我們都會遇見相似的問題，想得到的幸福也都一樣。唯一不同的，只是我們的性別。但性別，在愛中，真的這麼重要嗎？我想這是我們集體社會需要去思考的，否則將總是

憂鬱世代

會有一群無法相愛，各自痛苦的人存在著。

許多的價值與觀點或許改變得過快，快到沒有辦法一時半刻就去完全地認同或接納，這是常見，且可以理解的。

但是不是可以保持一個理解的空間，把自己不清楚的地方說出來？

我們都明白溝通與同理的重要，也希望我們都可以貫徹這樣的想法，又或至少去尊重不同的存在，而不是去排斥，甚至攻擊。

關係中的我，害怕失去

原來，我不必憂慮自己的條件，也能夠被愛。

交友軟體傳來了一則訊息，我與他配對上了。他看起來乾淨、俐落，而我們的年紀也相去不遠。

一開始，我看到他的自我介紹寫喜歡飛機。我問他有沒有去過台北的飛機巷，他說他知道，也喜歡極了。在那裡，抬頭就可以仰望飛機的起降，像極了在《一把青》那個紛亂的時代裡，軍眷們盼著空軍著陸的片刻。

之後，我與他分享當時在看的一本書，恰好書中所敘述的正是他的專業。

我問了很多有關他在學習過程的感受，以及逐步進入職場後的看見；而他不僅誠懇地與我侃侃而談，還主動地找了那本書閱讀。

他的一舉一動都使我感受到十足的誠摯，也覺得我們的緣分看似牽了起來。

誠摯又契合的一段關係

聊了一兩周，我內心猶豫著該不該交換ＩＧ（Instagram）。

一方面想更了解對方，但另一方面，卻害怕如果之後感覺變了，會因為一直看到對方的動態，而使心情有所波動。

但我努力克服自己的心魔，向對方提出了請求，對方也欣然答應，並在繼續聊了一陣子之後，他問要不要一起出去吃飯。當下的我樂極了，但為了那頓飯，我腦中不斷思量著該穿著什麼樣的裝扮，又當天該聊些什麼。

一切的一切，是如此地緊張與慎重。

見面當天，我看準時間，打算不早也不晚地抵達餐廳。坐在公車上，我仍感到無比的焦慮。為了話題焦慮，也為了用餐後的行程焦慮。所有的未知超過了我的認知負載。

我告訴自己冷靜，就真誠且好奇地去了解對方和表達自己即可。

就在公車到站之前，我收到他傳來的訊息，他說：

「我比想像中的還早到達，但你不用有壓力，慢慢來。

「不過餐廳有點不好找，要不要去公車站接你呢？」

當下看到這條訊息，我心裡有股暖流湧現，覺得他的貼心實在讓人感動。

我沒有跟他說，我其實已經去過那家餐廳兩次，而只是單純地向他表達感謝，希望他可以知道我的心意。

那天用完餐，我們還去了不同地方。去寶藏巖欣賞駐村藝術，去百貨公司試聞香水，去誠品的書架前，看看有什麼新書，晚上還去了居酒屋，享用好吃的定食。

那天的夜晚晴朗無雲，我們走在捷運站的綠色廊道上，一旁有許多漂亮的燈飾與一顆大大的愛心。

我們相互合照了幾張，並稱讚著夜晚是多麼地美麗動人。

印象深刻的是，當晚我們從一間店走出來，恰巧前面是一對牽著手的同性伴侶。看到的當下，我的內心有些澎湃，因為以前當我看到時，總不免會有份孤獨的失落；但那天的我，有一個人陪在身旁。

我們都沒有特別地指出來或討論，但我相信他看見了，也在心中有些漣漪。

不過，就在那天別離後，他就不曾再主動過了。

患得患失的心，無比折騰

一開始，我知道，要尊重每個人有各自的空間，所以我只會很偶爾地回覆他的限時動態，畢竟我也不是個習慣硬找話題聊的人。

我不斷地調適自己的內心，也提醒自己將重心拉回自己身上，好好地過好生活。

但兩周、三周過去了，沒有再接續的聊天，使我心慌。

我的心懸掛在他的在線狀態，看著他正在線上，卻遲遲沒有回覆我的訊息，我又是焦慮，又是緊張。

心想，我是不是打擾到他了？是不是他見到我之後，對我沒有好感了？

心中百感交集，而我的心也患得患失。

我開始去看星座分析。唐老師說當時的魔羯桃花運不錯。我也看塔羅占卜，很多的說法都說對方是喜歡我的，只是彼此都心思細膩，也害怕突破。

我還去問了我的朋友。問他們，我到底該開門見山地主動，還是默默淡出，觀察一段時間？

這樣的景象，勾起了我過往的情感經驗。

在幾段我重視的關係裡，我都曾經如此地操煩著一切。我好渴望知道對方的心意；但同時，我沒有勇氣去核對我的想法。

缺乏安全感的氛圍，使得我不敢有任何動作，深怕一失足成千古恨。只能安慰自己多想了，對方不一定有這番心意。

雖說如此，但日子漸漸變得折騰。

在心神不寧的狀態下，許多事變得困難無比，無論是簡單地吃頓飯，或走在街上，無時無刻地想著對方。回憶起那天的種種，他的貼心、他的溫柔。甚至會想，會不會是那天讓他太少說到話？會不會是他對我的外貌感到失望？還是一切都是自己多慮了？

可能是因為憂愁太久了，我心疼自己活得失魂落魄，因此我暗自為這份關係做了最壞的預想，那就是我們不再適合，一切也都將成為過眼雲煙。

為這份關係做的最後一點溫柔

我開始感到各種失落。

當我經過那天曾一起走過的地方，他彷彿都歷歷在目地在我身旁。我們一起討論著香水的前中後調，一起分享各自喜歡的書籍，一起在地下街相互道別。

一個人走在這些回憶裡，心很痛。但再痛，我也要自己一個人走完。因為我知道沒有了他，我還是要繼續好好地生活。

我很想跟他說明自己的心意，我也很想知道他的想法；但我想，每個人都可以有自己的選擇、喜好。我克制住了那份想傳訊息給他的衝動，我不希望這份喜歡變質成了打擾，也是我能為這份關係做的最後一點溫柔。

最後一步，我默默地將對方從我的ＩＧ移除。

雖然我還是不知道對方的心意為何；但倘若他不喜歡我，我真不希望自己的一切再困擾到他，也不希望自己的心再繼續起伏。

我必須坦白地說，移除的那一刻是多麼艱困。

因為你知道那個舉動不可挽回，也代表你真的該放下，把心上的那個位置清理出來。

自責、委屈與悲傷

那晚，我邊用棉被摀住自己的臉，邊聽著艾怡良的〈我這個人〉。

我知道自己要哭出來，那一份委屈與悲傷才能得以釋放；而我也覺得幸福好像永遠不會是我的，甚至怪罪起自己的同志身分，覺得因為自己是同志，才會這麼孤獨。

我還是會不停地想著，到底是自己自作多情，還是其實是世故，讓我提早洞見？

說單戀也好，說暈船也好，又或勉強說是曖昧，怎麼感情的前調總是這麼委屈？使我覺得再也沒有力氣去認識一個新的人了。

在關係中，我知道自己會需要更扎實的信任，但也因為我們壓根沒有進入正式關係，所以我似乎沒有理由去與對方談論自己的需求，只能看作是不適合。看清了，就慢慢鬆手。

但究竟是我自己缺乏安全感，索求過多？還是對方過於被動或不愛了，所以創造了許多模糊空間，使人無限猜想呢？

唉，好想要在愛中有個標準答案，明確地可以知道要放手或抓穩。

如今只能勉勵自己，或許好事多磨會是唯一的解答。久了，自然答案就明朗了。

悲傷代表我真誠地愛過

沒有結果的關係，令人惆悵至極。過去的自己是多麼地在意與小心，結果卻換得了這番苦頭。我內心深知不該期待事事順利，卻還是會進到廟宇，求老天與各路神明，庇佑自己心智清明，能夠辨識一切。

不過，我也安慰自己，悲傷代表著我曾真誠地愛過。

至少，我還有能夠全心全意愛人的能力，而不是處處防備或無暇無力；至少，我還願意去思考關係之於自己的意義，而不是繼續展開下一段戀情，或壓抑自己的苦痛；至少，我身旁還有願意陪伴我的家人、朋友，他們一再地驗證了，我不必憂慮自己的條件，也能夠被愛。

這些「至少」都再三地提醒著我，自己還是有些什麼的。

那些關於愛人的能力、被愛的條件與在愛中的學習，我並非一無所有。

我其實擁有的不少。

我害怕被遺棄，也害怕被討厭，但我努力去克服在愛中可能的擔憂，盡力去相信關係可以是美好且穩定的。

儘管最後的我，仍抵不過關係中的不安全感，但至少我嘗試過，也願意在最後選擇保護自己，站在自己身旁支撐。

我相信，這已經是我能做到最好的一切。

看見自己在關係裡的良善

關係，又再次地幫助我將目光放回自己身上。

這次，我看見了自己的良善，那份總是想替對方找些理由的體貼，是我對關係純粹的證明。

很喜歡〈夜空中最亮的星〉這首歌，裡面有句話：

「我祈禱擁有一顆透明的心靈
和會流淚的眼睛
給我再去相信的勇氣」

或許不該期許沒有坎坷或傷害的愛，但我也提醒自己，別忘了還有「溝通」這樣的利器。

有機會的話，我會希望可以說出自己的感受。若沒有這樣的時機，**至少我對自己的需求，是更加地去認識**。

愛真的是門藝術。我們天生都有愛與被愛的需求，但如何去愛？如何經營？如何面對失落？所有的問題都等待著我們去經歷。

不過，我也相信走過的路不會白走，所有的傷痛都會幻化成更成熟的我們。

治療——
精神科醫師與心理師，自我覺察與療癒

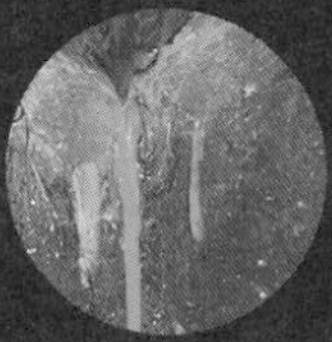

精神科醫師與心理師的陪伴、剖析

憂鬱症的異軍突起

有好幾次，我都很想「消失」在這個世界上。

轉學到政大後的我，並不快樂。

尤其轉回台北，意味著我要回到那個不快樂的家，還經常需要捱著酷暑或寒冬通勤近一個小時，然後在學校總是自己一人獨自行走與吃飯。每每分組，還總會擔心自己最後沒有組。

一切的一切，都讓我一天接著一天，漸漸地失去了對於自己的肯定，甚至找不到存在的價值，覺得世界沒有我，也無所謂。

有好幾次，我都很想「消失」在這個世界上。

心裡仍抗拒看精神科

中間，我仍陸陸續續地去看精神科。

對於精神科的排拒，還是存在的。我覺得自己好悽慘，需要靠藥物幫助，才可以勉強撐起生活。

精神科的藥就像做實驗一樣，例如憂鬱症就有好幾款不同的藥物。每一個人適合什麼藥物，需要觀察藥物對我們身體的效用與副作用，因此通常醫生一開始會開一周的藥，然後讓我們回去嘗試看看。

如果有嚴重的副作用，便在下次回診時，與醫師討論看看，是否改用別的藥物。

至於藥效開始作用，經常需要兩到三周的時間。至於要看到治療效果，最快也要三個月。

正因為很難在一開始就預測什麼藥適合自己，因此按時回診與醫師討論在憂鬱症的治療上，是很重要的。

另外，也因為憂鬱症的完整療程，短則三個月，長則一至兩年，因此過程中能確實服藥且不擅自停藥，是憂鬱症治療相當重要的原則。否則未來復發的機率，將會比有規律服藥者，還來得高。

然而，這是最理想的情況。以我自己為例，我曾經嘗試過離憂（Leeyo）、立普能（Lexapro）及百憂解（Prozac）。這三種藥物恰好是三間不同的醫療院所開立的。而實際服用的情況是，有些時候，我會因為服用藥物而腸胃不適或噁心、想吐，但當時我心中沒有惦記著醫師的提醒，加上副作用帶來的辛苦與自己對精神藥物的排斥，因此幾次下來，都沒有完成一個完整療程的時間，就自己停藥。

這一點，我知道自己不對，但也覺得當下的決定或許是出於想要減輕痛苦而保護自己。

在持續諮商中，了解自己，也療癒受傷的心

不過，相較於精神科，心理諮商一直是我有求助的資源。

從大一下開始，每學期我都會預約學校的諮商。尋求諮商的動機，一開始是情緒長期的低落。

當時聽說藥物治療加上心理治療，會比兩者擇一，來得有效，而我希望可以幫助自己振作。

而諮商到後來，我發現**與心理師談論的經常是自己的生命議題**。

有些議題不見得能在一學期六次的次數解決，也有些議題是途中才冒了出來，所以我選擇讓諮商成為習慣，不斷地了解自己，也在了解自己的過程中，療癒受傷的心。

記憶猶新的是，我在大二下時，家庭經歷了一些風波。當時，每周一次的諮商是我唯一可以暢談自己內心話的時間。

我也是因為有了諮商作為生活的支持，才漸漸長出一點點的力量，熬過一天一夜。

在那學期的最後一次諮商中，心理師對我說：

「經過這次的諮商，我感覺得出來，你一直很努力地希望保護自己，還有照顧別人。好多的議題在你的生命中，壓得你喘不過氣。你經常感到很孤單，也很無助。

「雖然這次諮商完，不能保證所有事情都不會再發生，但**請你一定要好好地照顧自己，多多把自己放在更重要的位置。**」

「自我照顧」成為我開始「學習」的事

那時候聽完，我覺得一股暖流流進我的心中。已經好久沒有人提醒我，自己是很重要的，要好好珍惜、寶貝自己。因為不管世界如何現實、殘酷，自己永遠是唯一可以陪伴自己一輩子的人。

過去的我，經常在自己都還跌跌撞撞時就想照顧別人、維護大局，但往往卻把自己遺忘在後頭，任由他遭受風吹雨打。

從此之後，「自我照顧」便成為我開始「學習」的事。

原來**把自己照顧好**，也是要學習的。如何讓自己能夠平安、健康地穩健生活，從來就不是一件天生就會的事，但或許多數時候，我們都覺得那不是一件需要刻意的事情。直到後來，我才意識到，那真**是畢生重要的課題**。

我的「冒牌者症候群」

拿掉成績後，我會不會其實根本沒人愛？

當大家聽到「政大」，不知道第一個念頭是什麼？而對求學歷程表現平平的我來說，那是一所相當夢幻的頂尖大學。

我之所以後來選擇轉學政大，也是因為高三時企及不到，後來在大一下，一邊讀原有的課業，一邊準備轉學考，孜孜矻矻，才順利上榜。

但轉學的快樂，卻僅止於放榜的當下，以及第一次領到學生證，並望著政大校碑時。

往後的日子就是一段載浮載沉的經歷，痛苦與孤單相互交織，後來我甚至有點排斥看到「政大」兩個字，因為種種的悲傷都鑲嵌在校園生活中，重回當初在彰師大想休學的念頭。

希望大家看見真的我，而不是我的外在

當時的我，相當缺乏不同系統的支持。換一句現在人常說的，就是「缺愛」。我會在自己壓抑到不能再壓抑的時候，在社群軟體上「討拍、求關注」，希望可以獲得一些關心，而這對平常想維護良好形象的我來說，是下下之策。也因此，每每發文都會是我接近崩潰邊緣的時候。

我有很嚴重的「冒牌者症候群」。我覺得自己考上政大是運氣所致，我並不認為自己有這樣的能力，值得進到政大。

同時，我開始懷疑大家會不會只看到我頭頂上的光環，也讓我更被「頂尖大學」這四個字壓得喘不過氣，因此我發了一篇文，大意是說轉學後的生活其實過得很糟糕。

我很害怕大家繼續跟我做朋友，是因為我有這些成就。拿下成就後，我會不會其實根

本沒人愛？我好焦慮，也好脆弱。我希望大家看見真的我，而不是我的外在。

這對於我來說，其實是個輪迴。

從小到大一直感到滿自卑的我，總會力爭上游去博得一些光彩與注目，但當我真正擁有了好成績後，我又擔心大家是因為我的能力，才與我結識。

若沒有這些成就，我將迅速跌落神壇，變得一文不值。

當時的我極度恐懼，也好希望可以獲得一些支持，但為了維護自己最後一點的顏面，我又會打上「不是想要討拍，只是單純分享」，只是在我的內心深處，我何嘗不是渴望可以獲得一些支持，一些愛的鼓勵呢？

一個人的價值不是來自於外在成就

當時有一則來自彰師大學姊的簡訊，她說：

「明翰：

雖然不知道現在這個問候來得適不適當，但我想跟你說，不管發生什麼事，放心，還有我這個姊姊陪著你的。

跟你相處，就像姊弟、很好的朋友般。而你會讓人很想對你好，不是因為你有多好的成就、能力、機會，單純就只是因為你是莊明翰！

你值得讓我們對你那麼好！我不想跟你說你要加油、你要快樂，做你自己就好。

有事沒事想找人分享，或想自己一個人都好。

雖然現在不能像過去一樣常常在校園見面，但其實我一直都很想念、祝福著你的唷！

因為在我心中，你是獨一無二的明翰。

看完訊息，不要有壓力，不一定要回。我只是想跟你說說話，讓你知道，我其實一直都在。」

當我看到這則簡訊的時候，我內心的很多委屈瞬間被撫慰。

我很感謝這位學姊，她明白地告訴我，我的價值絕非僅有外在成就，也用心地體諒並告訴我，不需要加油或快樂，做自己就好。

雖然只是短短的一則訊息，但好多的力量蘊藏在其中。

憂鬱世代

對我來說，那使得我開始放下對於自己價值的質疑，也**學習尊重自己的情緒與想法**。

至今，我仍覺得這份安慰來得太有溫度，深深烙在我心上。

與內在小孩說話

我會給內在小孩一個深深的擁抱，並告訴他：「你辛苦了。」

有一次，心理師陪我討論原生家庭的議題。當時我重述很多我在家庭中的經歷。我很想要解決眼前的問題，我期待可以知道如何更好地接受現況，以及如何更穩定自己的情緒。

沒想到後來經過心理師的導引，我反而對於自己的情緒有更多的認識。我開始知道**在家庭當中，我的內心裡，隱含著害怕、受挫、憤怒與失落**，也是直到那時候，我才看見自己的脆弱，以及想被好好呵護的那份需求。

瞬間明白，自己是多麼勇敢地在面對這整個世界

在那次接近晤談的尾聲，心理師對我說：「明翰，在我們討論了這麼多次之後，我可以感覺得到，你其實很努力地在想方設法，希望讓自己的生活可以更輕鬆一點；而我也覺得其實在整個過程中，你都一直處在緊繃及焦慮中。

「面對當下，你其實很徬徨，卻又不知道該怎麼與家人相處，但仍要持續地回應現實生活中原本就有的考驗。

「現在，我想請你閉上眼睛。想像一下，你內心住著一個小時候的你。那個你，在成長的過程中，經歷了許多的掙扎。你覺得他看起來的樣子，像是什麼呢？」

這時，我帶點沉重地回答：「我覺得他蜷曲在一個沒有人看得見的角落。他抱著自己的雙腿，將頭埋藏在膝蓋下。他有些發抖。很久沒有人關心他。他很害怕再有任何一點的傷害，但他也不知該如何是好。」

心理師接著問：「聽起來他無助了很久，也對未來感到沒有希望。

「那麼，如果你可以接近他，你知道他現在感到很難受，你會想走過去，對他說些或做些什麼嗎？」

在深思了幾秒後，我回答：「我覺得我會走過去，慢慢地坐在他身邊。我會給他一個深深的擁抱。告訴他，沒關係，我知道他是多麼的堅強與努力，也知道他的遭遇是多麼令人難受。**我會一直待在他的身邊，陪他哭。我會讓他知道，他不孤單。**」

當說到這裡之後，我開始有些鼻酸。

我好像瞬間明白，自己是多麼勇敢地在面對這整個世界。儘管我知道我的能力不夠，很多事也還在學習，但我自始至終都沒有放棄。我感受到自己生命的韌性。

只不過，我的心也受了不少的傷。面對外界，我所裝出來的堅強形象，反而讓我的內心更加孤單。

我覺得沒有人可以理解我的辛苦，好像只有我一個人在面對難以負荷的狀況。所有的悲與苦，我都是自己一個人承擔。

謝謝一直以來都很努力的自己

另外一次，我與心理師談論我的匱乏與自卑。

那時的我，對於人際關係感到渴求，但同時又因為自卑，容易在關係中感到不被信任。

我覺得自己不值得全然地被人接納，但也不知道該如何接納自己。

在過程中，我們談了很多情境，包含面對我的生涯、人際、親密關係與自我。

我嘗試在這些不同的面向裡，看見自己的匱乏與自卑如何作用，連帶地，也明瞭一些不理性的信念綑縛著我自己。

而**每一次的晤談前，心理師都會問我最近過得如何，這讓我有個很好的機會，重新檢視自己生活的樣貌**。

無論那一周是開心、平穩或哀傷，都可以拿出來和心理師討論，也使我學習更留心於生活中的各個片刻。

對自己說，即使脆弱，也別忘了那個有力的自己

在晤談的最後一次，我還記得那一次接近學期尾聲，我的心情已然平靜一段時間，對於生活的滿意度，也漸漸上升。

當時，心理師拿出一副牌卡，她說那是一副名叫「紅花卡」的牌卡。她請我從中挑出兩張牌卡，一張代表過去的自己，一張代表現在的自己。

我稍微地深呼吸幾下，確定自己專注於感受每張牌卡所帶來的感受。最後，我挑出了兩張。

一張是一隻幼小的虎斑貓被捧在一雙手中。牠閉著眼，安穩地躺臥在其中，而另一張是一個短髮的年輕女生，年紀和我差不多。她倚靠在汪洋前的木製欄杆上，獨自一人面對藍天與海，一縷微風輕拂女孩的臉龐與秀髮。

心理師問我這兩張牌卡代表什麼意思，我回應：

「(過去）一隻受盡傷的小貓，看不見任何縫隙中的光。暗黑中，他已經沒有任何一絲的盼望。他嘗試過了，可惜努力終究沒有帶來什麼。他希望有隻手可以將他捧在手心。他好累，也好脆弱。任何一點溫暖都將是巨大的溫柔，然而他始終等待不到。

「(現在）小女孩獨自站在汪汪大洋前，儘管隻身一人，但她知道有人在遠處支持她，也知道自己的生命有些期待，她並不孤單。與大海相伴的她，沉浸在當下，雖然未來難料，但她的心平靜。她知道自己的價值，也願意擁抱所有舒適的時光。

「而我很想對自己說，即使脆弱，也別忘了那個有力的自己。過去的我，謝謝一切的幸運；現在，我想謝謝一直以來都很努力的自己。」

就這樣，我說出了自己的成長。

終於看見，內在很深很深的那個自己

如果你問我，幾次諮商下來，最讓我感動的是什麼？

我會對你說，最感動的，其實都不是我去談了什麼議題而受到解決，而是我終於有了機會可以去看見，內在很深很深的那個自己。看見他的感受，他的需求，他的脆弱，而因為「看見」了，所以能好好地被安撫、擁抱。

試著與自己的內在小孩說些話吧！你可以告訴他，你知道他的際遇。開心的時候，想為他慶祝，悲痛的時候，想為他拭淚。

當我們的內在有機會被同理，你會發現**原來自己也可以陪著自己**，而且給出的安全感，是別人無法剝奪的。

接住伴侶的脆弱？

只有當我「能好好接住對方」，對方才會「愛我」?!

在跟他進入關係之前，我就已經知道他身負著傷；而同樣地，我也背負著自己的傷。

我們都曾經歷過令人焦慮且不安的關係，我們都曾在不同大大小小的關係中，遭受到背叛與辜負。

他出現的時間很巧，巧到像是老天要來對我驗收成果。

學習「同理他人」，也「尊重自己」

在遇見他之前，我曾與另一人有一段曖昧關係。當時我們喜歡著彼此，但我卻無法好好地接住他的憂慮。換言之，**我硬生生地否定他的感受**。他當下告訴我，他心裡頗受傷。之後，我們就沒聯絡了。

再來的另一段關係，是我單戀著別人。在過程中，我感到前所未有的焦慮。這一次，變成**我否定自己的感受**。

我不斷地告訴自己，對方或許只是太忙碌，又或者我還可以再努力一些。當下，我不相信自己的感受。我想抑制那些使我悲傷的情緒，我忙著要求自己理智一點。

就這樣，我開始學習著將「同理他人」及「尊重自己」，列成我在親密，甚至是人際關係中的重要課題。

而此時此刻，我所面對的他。一方面，他真誠地與我分享他的脆弱；另一方面，他卻也給我很充足的安全感。我當下覺得那會是一段值得我去經歷的關係，因此我向他告白。我們進入了關係。

當另一半向我分享脆弱時，我感到抗拒？

不過，我對於對方感受到的沉重感受，為何會有所抗拒？**對方的沉重感受對我而言，勾動了我內心的哪一些恐懼？**而那些過去曾浮現的感受，又逐漸在這段關係中重現。

我內心清楚，如果我始終不去看清這份恐懼代表什麼，我很有可能會持續地在其他關係中經歷。

因此，我找了心理師，協助我去好好檢視這些真實的感受。

走進諮商室，我花費了一些力氣，才慢慢地談出事情的前因後果。

之所以有些難以開口，是因為那些其實是我過往的傷與脆弱。我緩緩地說：「在我的想法中，我覺得關係是要互相的。但今天當另一半向我分享他的脆弱時，我其實感到有點抗拒，我深怕自己沒有辦法好好接住他。我也對自己的這份抗拒，感到有些自責。」

對方只是想分享，並不一定需要你的幫忙

「之前我們曾經討論到，在親密關係中，主觀的感受比起客觀的事實，是更重要的。你也說過，你希望在關係中，能夠真誠地面對自己的感受，且與伴侶溝通這份感受。因此，在這件事情上，如果你覺得對方的沉重感受，讓你確實難以支撐，而當你選擇告訴對方時，你覺得對方會怎麼想呢？」心理師問我。

「我覺得他會對我失望，我也會對自己失望，因為感覺我沒有幫到他，也感覺我自己沒有能力去經營一段關係。」我回應。

心理師暮鼓晨鐘的一段話

「沒有能力嗎？但如果將對方換作是求助者，我們好像不會先問對方有沒有能力，才向他求救。就像我今天在大海中快要溺水了，我不會在求救前，還先問對方會不會游泳，或能不能救我。當下的緊急與焦慮，我們不會再有心力先去跟對方確認。」心理師對我說。

思考一番之後，我回應心理師：「就算我今天沒有能力去救那個溺水的人，但我在岸上努力地向他人呼救，那份關心及在意那個求助者的心態，我覺得其實是更重要的。」

心理師再補充：「不過，從你之前的敘述，你覺得能幫助對方很重要。好像你一定要幫他做些什麼，才叫做有能力。不過，對方真的是需要幫忙嗎？會不會只是想跟你分享而已？就如同我們跟別人分享自己的兒時創傷，我們並不會期待對方為我們做些什麼，我們有可能單純想抒發而已。」

心理師這樣的話，對我來說，猶如暮鼓晨鐘。

確實在多數的時候，我並不會在分享脆弱時，真的期待聆聽的人可以幫我做些什麼，畢竟很多事已成過去；但仍然會想分享，只是因為有些遺憾或悲傷而已。

我能表達自己的感受與想法，不需要刻意保持理想中的樣子

之後，我也想起我與父母的關係。

之前每周回到家，我總會有股衝動，想跟父母分享一個禮拜的大小事。不過，在很想

開口的當下，我卻又被另一股強大的力量拉回。那股力量，是我擔心自己的分享不會被好好回應，儘管我也知道每個人有共鳴的事物本就不同。

或許也是因為如此，我會很希望給另一半的是「無條件接納」，也因此，當我面對另一半的傾訴，我感到十分焦慮，且有壓力。

原來，在我的潛意識中，我仍在重現我對關係中「有條件地接納」的恐懼。我認為只有當我「能好好接住對方」，對方才會「愛我」。

用「真實的自己」去面對關係

在這整個過程中，心理師笑笑地對我說，聽起來我比較像是對方的心理師。

但我有些心急地問心理師，究竟現在的我，應該要以什麼樣貌去面對關係呢？

心理師說，剛剛的討論都不是在暗指我在關係中「做錯了」；更精確地說，每種心態與模式在關係中，都必然會經歷挫折，所以**我們不可能在關係中避免這些難受的感覺**，只不過我們**可以透過放大檢視**，**來看清楚自己可能的心理歷程**。

也因此，我其實可以允許流露自己的感受與想法，並不需要刻意保持著理想中的樣子。

我也認為，用這樣真實的自己去面對對方，當出現困難時就試著溝通，我們必然會有許多的成長。

身心科裡的正常與不正常

我會不會被認識的人發現我看身心科？
我該怎麼解釋，我為什麼需要看身心科？

我最後一次踏進身心科，大約是在一年多前。

當時，為了可以省下一些治療費，特意選擇學校附近的醫院門診部。因為醫院有與學校簽約，每次可以只用藥品部分負擔的二十元，就完成一次看診。

不過，我想當下的內心，不真的是全然想省下掛號費而已，畢竟平常感冒或生病時，我不會因為診所或醫院的收費過高而不去看醫生，但心理疾病真的需要吃藥嗎？我真的嚴重到需要看醫生嗎？對於心理的不理解，讓我連帶地對精神醫療產生質疑，不覺得需要額外花費一筆費用，尋求協助。

還記得那時身心科固定在每個禮拜四上午，一個禮拜只有一次，限額三十名，且必須現場掛號。

但碰巧的是，我那學期的同時段剛好要上英文課，或許這成為了我一個規避就診的理由，所以當時我並沒有一覺察到自己的身心問題，就趕緊去看醫生。

專注力下降，差點被機車撞到

直到有一段時間，我發現自己的專注力下降很多，特別是有一次早晨剛踏出公寓大門，差點被迎面而來的機車撞個正著。當時，沒有聽到引擎聲，甚至連喇叭都似乎小聲了許多。

一直到那時候，我才意識到自己有些嚴重，終於下定決心，要去面對自己的問題。

「我該怎麼請假呢？」當時只要一去看身心科，我必定會錯過一節英文課。

我心中糾結著該如何解釋。我深怕老師如果再進一步問我，我都必須面對我無法說出「我的心理生病」的內心衝突。

當然，我也猶豫著我會因此需要補上進度，要問別的同學，剛剛的英文課上什麼的心理壓力。

不過，我最後還是去了。先是盤算著該問醫師什麼問題，不希望錯過任何可以解決疑惑的機會。

走進診所的心理壓力

當我走進診所時，我的內心冒出一股不小的抗拒。

我會不會被認識的人發現我看身心科？我該怎麼解釋，我為什麼需要看身心科？我會不會被櫃檯的志工與行政人員多看一眼？那份不自在有多麼強大，不言而喻。

好不容易掛完號後，我坐在空蕩的長廊等待叫號。早到的好處是看診的人沒有那麼多，心理壓力也相對小些。

等候時，不免抬頭看看同樣來看身心科的其他人。有人閉目養神，有人滑著手機，這與我第一次在大醫院看診的經歷相同，大家看起來都很正常。

內心慶幸是「莊＊翰」，而非全名

看著門診外的智慧面板，大大的「身心科」字樣下，我的名字被懸掛在上頭，內心有點慶幸上頭寫的是「莊＊翰」，而非我的全名。

看似不起眼的米字符號，拯救我內心裡的一些焦慮。

初診時，醫師鉅細靡遺地詢問種種細節，例如為什麼會來到這裡看診，是否有相關的家庭史，是否會有幻聽、幻覺，以及藥物是如何使用。整個流程下來大約是二十分鐘。我沒有感受到醫師的急迫，相反地，是溫柔與耐心，這讓我心裡的大石頭稍稍放下。

第一次拿到藥的時候，內心有些新奇感。畢竟手上的藥袋裡，裝的是「治心病」的藥物。

原來我看不到的心理困擾，竟然可以被手上真真實實的一顆顆藥物給舒緩。那種感受和拿到其他藥物，特別的不一樣。

不過，我因為天生腸胃比較不好，加上抗憂鬱劑的機轉與血清素的回收抑制有關，而血清素的受體大多分布在腸胃中，因此容易腹瀉的副作用，對我而言，特別不好受。

在兩三次回診後，自行停藥

有一陣子，我覺得對自己的身體有點愧疚。畢竟心理憂鬱已經夠難受了，還因為使用藥物而增加生理上的負擔。

坦白說，我的心情有些低落，也因此後來在兩三次回診之後，我就自己停藥了。

那時，我還不清楚停藥這件事的後果，單純因為身體不好受，所以擅自作主。

不過，後來讀到相關研究，才發現如果抗憂鬱劑沒有完成一個完整療程就停用，反而會有一些症狀產生，以及未來憂鬱症復發的機率，也會提升。

後來因為有心理治療與好好休息的輔助，身體回復到了之前的水平；而規律的飲食與運動，也幫助我大大增加情緒的穩定度。

雖然不是開心雀躍，但至少平靜舒緩。整體心理上的感覺，相較之前好多了。

何謂正常？何謂不正常？

但另一點，也使我開始思考，究竟何謂正常？何謂不正常？

以當時的我而言，主觀的世界充滿許多的冷淡與疏離。在那樣的環境中，我的心理產生了困擾，是不是其實代表著我的心理功能是正常的？因為它確實盡責地反映了種種在我身上產生的感受，並透過失落與憂鬱來告訴我，我需要休息，也需要調整。

而如果當我們的社會生病了，不斷地在強調功利與快速，而不重視品格與感受，那沒有生病的我們，是不是才不正常呢？因為那似乎表示我們被這樣的社會同化，我們的感受有所麻木，我們變得沒有人味、變得沒有理想等等。

所以「正常／不正常」的分野，如果單從醫學角度的觀點來判斷，當然可以很直白地透過診斷手冊去下定論；不過當我們把社會脈絡考量進來時，我們還是要好好地去面對現實生活中的苦難，看清它的樣貌。

求診，是我們為了自己而努力

「我是不正常的，所以我來到醫院。」這句話是我想特別標註出來，送給也同樣在接受治療，或還在猶豫要不要步入身心科的你。

沒有一條河流是完全筆直的。它們之所以彎曲，是因為每個流經的地方阻力不同，它們不會硬要選擇一個看似最短，實際上，卻難走又阻礙的路去經過。

同樣地，無論我們如何選擇面對自己的心理困擾，當我們需要時，藉助一些治療來幫助我們降低阻力，這並不代表我們不夠好或不夠堅強；相反地，我們努力地讓自己人生的路更好走一些，僅此而已。

人生的議題，我們終將需要面對。我們可以選擇疲憊不堪地去回應，也可以選擇慢慢地先讓自己充電，再去化解。

如何選擇是每個人的自由，但能活得更幸福、自在一點，是我們共同追求的。

自我覺察與自我療癒（一）

我是個自卑的人

那是我長久以來的一個痛。

我常說自己是一個「自卑」的人。我對於自己很常沒自信，也不知道到底要從哪裡長出相信自己的力量。

但我也很疑惑，這一股自卑究竟從何而來，是不是找到源頭之後，我就有機會化解，重新成為一個有自信的人呢？

找尋自卑的根源

我開始回溯過去的經驗，找不到時，就再往前推。我過去從來沒有如此鉅細靡遺地去找尋自卑的根源。

最後結果逐漸明朗，我也赫然發現，那正是我長久以來的一個痛。

相信有人也和我一樣，從小對體育不大擅長，因此當多數人，特別是男生，都摩拳擦掌地準備體育課的來臨之際，我卻總是心生懼怕地希望可以突然下場雨。

因為只要一下雨，就有可能改在教室看影片上課，而不用去做我一直很難受的活動。實際的例子像是，一直以來我都跑不快，所以在大隊接力選人的時候，我經常是男生中少數沒上場的那一個。

同時，我也常成為體育考試最後還在考的那個人，因為毽子總是踢不到，又排球對牆總是五下就失敗。

結果就是不能跟同學去玩，還要一直面對通不過的測驗，相當挫折。

長大後，仍無法逃離的種種「比較」

當然也不僅體育，其他像是我的聲音不夠陽剛，個性不夠外向，還有長大後的種種比較，都讓我覺得自己很沒有能力，覺得一切都好像是自己的問題，始終走不出自卑。所以如同前面提到的，我開始下意識地追求一些名目去肯定自己。同時在過程中，也仰賴別人的稱讚與看見。

當有人接納，並為我拍手，我心裡便會想，他們看見的是我的努力，所以我必須更努力地去做更多事；而當我沒有被注意到，我便會頓時失去前進的動力，覺得是自己還不夠努力，因而嘗試別的事物，再去博得更多關注。

當我對自己的認同，建立在別人怎麼看待我

這是一個很痛的事實。因為當我對自己的認同，一直是建立在別人怎麼看待我時，我便容易患得患失，自信時有時無。

這同樣也在我與他人的關係中表現出來。面對心儀的對象，我不敢開口，面對同學的

請求，我不敢拒絕，因為我覺得自己不夠有價值去表達自己的想法，我怕會遭致他人的拒絕或失望，所以選擇一個看似安全，但其實是逃避的方式與人相處，然後再為自己帶來委屈與遺憾。

自卑帶來匱乏，匱乏帶來更自卑

為了自卑的議題，我曾與心理師談過。因為我發現，自卑會帶來匱乏，而匱乏會使人無能，進而再回到更自卑的心態。

我的想像是，心理就像一個銀行帳戶。當我對自己有自信時，我的帳戶中會有積蓄，那麼當我需要使用時，我便可以拿出一些積蓄作為能量，這個能量可以用來支撐我在喜歡的對象前表白，或給予自己及他人更好的照顧。

然而，當我感受不到自己的自信時，銀行裡的存蓄便會開始不足，因此我只能拿這些所剩無幾的能量去支撐我日常的生活，或許我可以照常吃飯、洗澡、上學，但我會在其他的地方漸漸失能，像是我沒辦法很有信心地報告、無法穩定地在關係中表達想法，或沒辦法再多承接自己或別人的其他需要，這是所謂的匱乏，也會使自己變得更為自卑，覺得自己沒有能力過好生活。

我的「價值」就是我的「本質」，而不是成績等外在表現

所以到底自信從何而來呢？或許再精確一點，到底要如何由內而外地相信自己是有價值，而且值得被愛呢？蘇絢慧心理師曾分享一段話，我深深感動。她說：

「你的價值就是你的本質，而不是你所安排的、準備的、辦理的那些事情。**你先知道自己的價值所在，才不會一天到晚害怕關係裡的他人，怎麼都沒看見你、沒肯定你。**」

這句話敲中了我的心。原來我的「價值」其實就是我的「本質」，而本質並不是我們外求的一切，而是那個小時候的我們，曾經持有的美好特質，也或許可以解釋，當心理師在諮商的過程中，看見我正向的動機，並稱讚我的時候，我總是有一種很被理解的舒適感，並在諮商後有種又充滿自信的感覺。

在我明白到這件事後，我便找了一處安靜的空間，我溫柔地對自己說：

「明翰：

你還記得嗎？從小總會有人稱讚你是個有禮貌的小孩，大家都很喜歡你的靦腆；而許多時候，也因為你對人很體貼，善解人意，又熱心助人，因此你有與你連結很深的家人及朋友，而且你也經常透過幫助別人，去表達你的愛心。

還有還有，別忘了，你以前對一件有興趣的事，可是可以著迷很久的喔！那代表你對很多事物都有好奇心，而且很願意積極地去探索你不知道的世界，也因此你才會知道很多特別的事情，這讓你視野更廣闊呀！」

很抱歉，我私自挪用了一段空間，打出一段看似自戀的文字。但我也想說，這份肯定，比起我後來成就了哪些事，都還來得厚實、堅強，我的心因而獲得了很大的安穩與慰藉。我彷彿又重新看見了小時候可愛的自己，那個有自信又不匱乏的小男孩。

我們每個人，都有價值，且值得被愛

你呢？你還記得小時候的自己，其實有很多的優點嗎？那些優點都不是我們為了什麼而去追求，那些優點非常單純地就是我們的本質。那樣的本質就像純潔無瑕的璞玉，儘管歷經挑戰，但仍舊在我們心中，導引我們。

或許因為**我們長大了，不會再像小時候，會受到很多他人對於我們本質的稱讚，所以我們容易忘記**，也覺得自己找不到定位而感到迷惘，甚至覺得自己不復從前，再也找不回自己的樣貌。

但現在我誠摯地邀請你，與我一起回想小時候的那些本質，或許是大方慷慨、溫暖熱心或專注執著，這些，都是我們的價值。

我們並沒有因為時光的推移而有所改變，我們仍是那個可愛的自己，仍是那個有價值又值得被愛的自己。從過去到未來，都不曾改變過。

對於別人的稱讚，你會說謝謝，還是覺得自己永遠不夠好？

我不斷地找醫學系學生為戀愛對象?!

收到別人的稱讚，你會毫不猶豫地謝謝對方？還是內心發顫地向對方推卻，表達自己根本沒這麼好？

有一段時間，我對自己的懷疑到了極致。那份懷疑，就如同無底洞般，讓我接不住任何稱讚。

我會覺得那是別人的客氣話。真正的我，根本不值得被看見，也不想被看見。我只想低調、黯淡地過好生活就好。

「醫學系」填補了我的自卑

那是我最後一次的諮商，而我進到諮商室的原因，是因為我意識到自己會不斷地想找醫學系學生為戀愛對象。

我不清楚這樣的傾向，是我真的喜歡對方，還是我在填補自己的匱乏？填補那個自我價值的大黑洞。

印象深刻的是，那位心理師與我之前遇到的不太一樣。她說起話來鏗鏘有力，她沒那麼溫柔婉轉，相反地，她滿直言不諱，但卻也厲害地像射中紅心般，聽出我真正的問題。

我問起心理師我當時的困擾。我想知道自己為什麼對於醫學系的對象情有獨鍾。

如果我是單純對醫學有興趣，那麼護理系、醫檢系和物治系等，我應該也都會想接觸看看。

但其實，我當時心中也約莫有了答案。是「醫學系」這個詞填補了我的自卑，但這樣好像表示我或許不愛這個人，而是愛他的頭銜。

這個理解，對於我來說，實在太赤裸、衝擊，因此我找心理師進一步討論。

我在乎所有的評價，活得辛苦又矛盾

心理師問我：「你覺得自己為什麼會在意對方的學歷？而且是要醫學系呢？」

「我會想像自己跟朋友說的時候，他們露出佩服、讚嘆的眼神。」我回應。

後來我逐漸發現，我其實好在意任何的評價。

我在意朋友的，因此我會希望伴侶學歷比我優秀，而受到旁人的肯定；我在意社會的，高學歷似乎代表著人生的勝利；我在意自己的，我好像抱持「麻雀變鳳凰」的心態在覬覦別人。

我真的好糟糕。

「**評價是中性的，你可以選擇要不要接受**。但聽起來無論好壞，你都好在意所有的聲音。這沒有不好，只是你會活得很辛苦，也很矛盾。」

心理師說完後，我內心有種被深刻了解的感受。

因為我真的好在意別人如何看我，但我也真的好累、好辛苦，有種無法由內而外肯定自己的無力感。

原生家庭的創傷

「那麼，既然評價會使我很辛苦，我為什麼還會緊抓不放？裡面應該有些好處，或對我來說是重要的東西吧？」我好奇地反問心理師。

憑藉著對於心理學的一點認識，我知道一件單純只有痛的事，我們必定會像燙手山芋一樣丟棄它；唯獨當它有我們想要的，我們也才會放不下，繼續允許它存在我們的身旁，不管是一個習慣、一段關係或一件小事，皆然。

後來心理師引導我從親密關係談回原生家庭。我才驚覺小時候與父母的幾次爭執，使我漸漸不相信自己是有價值的。那是由一次次的否定與驚嚇所累積而成。對我而言，是內心的某種創傷。

於是，我不再有勇氣說出自己的想法，因為換來的，可能是被大聲斥責一番，也很可能換來種種的無助。

我也不再覺得說話是安全的，這也表現在往後我的壓抑性格、自卑心態與焦慮依附。

我開始相信「原本的」自己，就很好

「這樣我該怎麼辦？畢竟我已經長大，無法再改變過去已成的現實了。」我以接近快哭的情緒，無奈地說出這句話。

心理師與我分享她輔導育幼院孩子的經驗。

育幼院的孩子從小無親無故或面臨家庭的劇變，他們沒有來自父母的安全基石，但現實是，日子一天一天地來，他們終究還是要面對自己內心的那一塊不安。

「小時候內心的基底能打好是運氣，但不是每個人，甚至是為數不多的人，才能真正在安穩的情況下一路成長。但缺少這塊基石，也沒有關係，我們可以找別塊呀。」心理師對我說。

「可是我父母已經來不及了，找朋友或伴侶又像是不斷地在外求，其實很不穩定，因為沒有人能真正陪自己一輩子。」我還是沒有想通心理師的話。

「對呀，所以那一塊基石正是自己。**當你的基石建立起來，別人給你的好，你也才能真正收進心裡**。

「像是以前的你認為自己只有二十分，別人只要一稱讚你超過二十分，你便會覺得對方是客套或過譽。不過，今天如果你認為自己有五十分，別人給你的，你也能收進五十分，這樣加起來就一百分了。更別說你認為自己有五十分以上，加上別人的，很容易就超過一百分。你會變得更有自信，安全感也就建立起來了。」

心理師當天生動的比喻，至今仍讓我難以忘懷。

我牢記著這樣的道理。我開始願意去相信「原本的」自己就很好，而確實當我如此認為時，別人對我的稱讚，我不再在口頭上表示謝意，但心中卻過意不去。

因為我相信自己「確實」值得這些好，一點也不超過。

不只說「想法」，更說出「感受」

當我說完之後，媽媽說：「讓我們抱抱你。」

常常有人問我：「你住台北，讀台北的學校，連捷運都在同一條線上，為什麼還要住宿舍呀？」

通常，我的第一個回答，是我可以縮短通勤時間，因為那會使我可以多睡個二十分鐘。

不過，**我沒說出口的答案是，我需要有自己的心理空間**。

因為在家中，我會持續面臨接踵而至的衝突與不和睦。在無法置身事外的情況下，對於我的身心，都是一種損耗。

不過也因為在台北，租金自然昂貴得難以負擔。學校附近一間套房，動輒要一萬塊以上的月租，也因此，我只能選擇申請學校宿舍，並在申請後過了一個月，才順利入住。

當初在等待的過程中，我的心情低落。當時，我每天都想著希望可以趕緊候補上，就算住的再破舊也無妨，只要能夠遠離家就好。

搬離家裡，是我唯一的出口

我還記得當時搬入宿舍的時候是國慶連假。要搬進去的前幾天，心中不免為了要離開舒適的環境而感到不捨，但我心中又很清楚自己的決定，是為了自己好。

而且，坦白說，當時我覺得已經沒有其他的方式可以解救自己，這是我唯一的出口。不管室友如何或房間狹小、潮濕，許多的擔心在當前都顯得微不足道。就算硬著頭皮，我也要離開家裡。

搬過家或宿舍的人必定知道，從整理行李到打包，再到搬運與就定位，一切就像一個浩大的工程。

但因為我知道我爸媽身體其實都不太好，因此我都會優先提起重物，為的就是希望減輕他們的負擔。

而在搬運的過程中，我對於爸媽，其實心中有滿滿的感謝與不捨。

感謝的是，他們能諒解我搬出去的理由，並花了一整天，毫無怨言地幫我完成這個決定。

不捨的是，爸媽已經年過半百，卻還是辛勤地幫我搬上搬下。我著實害怕一個不小心，就讓他們受到傷害。

我連對爸媽的感謝，都說不出口

但我並沒有把這份感受表現出來，畢竟太多的事情使我與家庭的關係不親，要真摯大方地表現出自己的感受，我其實相當無力，也無法。

就如同每年的年夜飯，其實年復一年，愈吃愈尷尬。

所有關係的疏離與破碎，硬是被傳統的習俗勉強湊在一起。那口飯，總是吃得難過。

然而，我當天的感受，並不會因為沒有表達出來而消失，反倒因為我刻意去壓抑，導致所有的感受，都蠢蠢欲動地想要爆發。

那天的我，在寒冷又黑暗的路上，獨自一個人從山頭上的宿舍，走向市區採買。當我一回到宿舍，枯坐在自己的椅子上時，我禁不住崩潰、爆哭，寂寞與愧疚再次地湧上我心頭。

當一個人轉換環境，從熟悉到陌生，我們必然會有寂寞的感受，覺得自己一個人突然變得無助，也對未知的生活感到不安。

但我心裡還有一份濃濃的愧疚，是我連對爸媽的感謝，都說不出口。我其實也很想好好說出來，讓他們知道，我並沒有將他們對我的愛，視為理所當然。一切的一切，我都相當珍惜。

他人生命的逝去，重擊我心

後來過了一陣子，有天突然在ＩＧ上看見國中死黨發了一則限時動態。動態是他弟弟的畢業證書。

當時，我沒有特別意識到什麼，但又隱隱覺得奇怪，怎麼會在接近十一月時畢業呢？

我發給死黨訊息，先恭喜，再問他緣故。

「恭喜弟弟呀！」我說。

「嗯……我不知道怎麼說。」他回應。

「怎麼了嗎？畢業不是很恭喜嗎？但為什麼現在畢業啊？」

「他是人生畢業。」

看到訊息的當下，我還沒回過神來，心想應該不會如此吧？

「什麼意思？」我問。

「他過世了。」

我頓時難以接受。

明明一個多月前，我才跟死黨去花蓮玩，當時他還送弟弟妹妹一起去牧場玩的紀念品，但才沒過多久，竟然就發生憾事了。當時我還不可置信地，又再跟他確認一次，他是否在開玩笑。

後來我跟媽媽提到這件事，媽媽瞬間愣住了。

雖然我從來沒有跟死黨的弟弟見過面，但或許是因為我與死黨實在有太深的感情，他弟弟的離世對我來說，就彷彿是我自己親人的驟逝。

那份悲傷與遺憾，我感同身受。

當天是爸爸的生日，但自從得知這件事後，我整個晚上都心神不寧，難以接受這樣的事實。

我的難過與悲慟，讓我很想找人訴說；而生命的無常，驅動著我去正視可能變成遺憾的一切。

我猶豫著要不要突破與爸媽之間關係的芥蒂，也讓我想起搬到宿舍那天的心情。生命的逝去，是對於我們仍活著的人的一個提醒？但真要說出口，也真的非常難。

對爸媽說出謝謝與抱歉

後來，當我爸媽坐在客廳看電視時，我再也忍不住自己的衝動，我開口對他們說：「我現在要說一件我可能會哭的事。你們聽聽看。」

接著，我慢慢地說：「其實在搬宿舍的那一天，你們離開之後，我哭得好慘。因為我對你們感到很愧疚。平常你們對我的關心，我表現得好像嗤之以鼻，但其實我從來沒有當成理所當然。我一直都很想感謝你們，只是我說不出口。」

在說的過程中，我邊掉淚，邊啜泣，說得支支吾吾。

其實不僅是愧疚，我也有一份抱歉，想說出口。

「我覺得我好像是《俗女養成記》的陳嘉玲。我總是很善變，情緒也很失控，我覺得我有好多的問題；但你們還是不離不棄，一直陪在我身邊，我真的感到很感謝，也很抱歉。

「這些話對我來說，真的很難說出來，但今天遇到死黨的弟弟過世，我覺得我應該說出來。」

聽完之後，媽媽先是停頓了幾秒，接著她安慰我：「因為我們是你的爸爸媽媽，所以我們對你的愛，是應該的呀。而且**誰在你這個年紀就可以很成熟？我在你這個階段，我也有這些感受。一切都很正常。沒有關係的**。」

而平常都會說些建議的爸爸，那天並沒有出聲，但我相信他也很認真聽我說。

當我說完之後，媽媽說：「讓我們抱抱你。」

與爸媽相處時，會開始分享心情

老實說，在說這些話與被擁抱的當下，我內心仍不免感到有些不自在，但在說完、哭完的當下，瞬間的心情，我卻感到很放鬆，好像水庫洩洪般，將很深層的心情一瀉而下。

從那一次的經驗之後，儘管我還是不習慣訴說內心的感受，或跟爸爸單獨出去，但我們開始會分享心情，特別是有一次媽媽也跟我說，她感受到我們的關係有些轉變，一切都往之前想也想不到的方向前進。

我很感謝那天自己願意走過關係的隔閡，也謝謝那天爸媽的願意承接與陪伴。

這件事直到後來心理師再陪伴我走過一次，我仍然落下了幾滴淚。

我為當時的自己感到佩服與開心。

我們需要的，有時只是一個擁抱而已

過去的教育經常忽略了表達的重要，不過值得慶幸的是，現在的年輕一代比較願意表達自己的想法。

不過，表達想法有時還不完全，因為除了想法，我們也有自己的情緒。這個情緒可能是很深層、很脆弱的，因此我們不太習慣將它交給對方。

但仔細想想，有時候不見得在關係的衝突或疏離之中，我們是想要得出一個具體的結果。反而很多時候，我們需要的是，被對方理解、重視及關懷，甚至就只是希望有一個擁抱，感受到對方的溫度而已。

我從自己的經驗中，學習到「說出想法，也說出感受」的重要。

儘管**表達感受**相對於表達想法，對我們來說，會需要更多的勇氣與覺察，但當我們漸漸將它養成一個習慣，其中**所展現的真誠與脆弱，經常是能在關係中，建立更深層交流的關鍵**。

願我們都能成為一個願意坦白自己感受的完整個體。

不批判自己的感受、想法

我常對自己說：「你要知道自己有多幸福，很多人想念書、想溫飽都有困難了。你為什麼就不能堅強、振作呢？」

我對自己真的很殘忍。

試著想像一下，如果今天有一位對你來說很重要的人，或許是你的家人或另一半，他跑到你面前，對你說：「我這個大笨蛋，我怎麼永遠都學不會啊！怎麼辦？我覺得我自己根本不值得被愛，也不會有人要這麼醜的我。我乾脆去死一死算了。我的存在根本就是種錯誤！」

他一邊說，還一邊捶打著自己的頭。

他對於自己不再有一丁點的盼望，因為他覺得自己沒有能力，也不值得被愛。

這時，作為傾聽者的你，你會如何回應他呢？（你可以把眼睛閉起來，思考看看。）

我相信多數人在當下會感到無比心疼，並想立刻去制止他，叫他不要再傷害自己，且遞上一張面紙，幫他擦擦臉上的眼淚，再輕輕、溫柔地抱抱對方，告訴他，事情不是他想的這樣。你在他身上看見很多的優點。他並非如此一無是處。

我們常告訴自己：「不准再哭。」

而如果……今天這位很重要的人其實就是你自己，那麼你也會這樣陪伴自己，給自己最多的溫柔嗎？

我們都很擅長安慰別人，卻往往對於如何接住自己，感到無力、陌生。

我們心裡很常會有一種聲音，要自己不准再哭，不准再墮落下去，然後告訴自己：「你要知道自己有多幸福，很多人想念書、想溫飽都有困難了。你為什麼就不能堅強、振作呢？」

我曾經很多次都跟自己說這句話。

現在想來，那真是天大的錯誤，非常殘忍。

以下有三種方式，可以讓我們學習不再批判自己的內心。

一、不要對自己不斷挑毛病（不要一有錯就責罵自己）

如果在我們成長過程中，只要一犯錯，就挨大人一頓罵。那麼，等我們長大，我們可能會有自己一做錯，就責罵自己的習慣。

但其實責罵是沒有意義的，因為它通常過於表面。

還沒有理解問題的原因就責罵自己，但問題不但不會得到解決，還會為自己帶來更多難受的情緒。

在成長的過程中，我們或多或少經歷過被稱讚、被獎賞。我在讀國小時，只要段考成績優異或進步顯著，學校就會製作獎狀，鼓勵我們。

上了國中後，班導會在黑板上寫下段考與模擬考的前三名，公開地表揚，並給予小獎品。而在高中，只要當時寫的週記，老師覺得不錯，就會在班會課時間，公開念給大家聽。

至於到了大學，考了前三名，會有書卷獎與獎金。若成績優異，還有機會被老師當成愛徒，幫忙做研究或當教學助理。

我自己在這一塊的經歷，感受很深刻，因為我從小就在追逐一切的卓越與突出。我期待自己可以獲得很多的目光與讚賞，但到最後卻變成一種成癮。

只要週記沒有被念到就覺得格外失望；只要段考掉到第三名外，我就覺得自己不夠努力；甚至只要自己隔了久一點的時間，不發文互動，就怕自己被遺忘與消失。

後來，我覺得疲倦。

一方面，長期地追逐讓自己變得汲汲營營，但有些時候，那並不是自己真心覺得該做的事；另一方面覺得無力，原來這些甜頭必須透過自己的好表現換來。

這些種種的美好都叫「有條件的愛」，讓我懷疑在這些愛中，是否仍有真誠可言？還是我們都只是種生產工具，只要一有損壞，就會立即被拋棄與取代？

後來，我接觸到美國心理學家Carl Rogers。他的人性觀以人為本，尤其是他提出的「無條件的正向關懷」（unconditional positive regard）概念。

「無條件」，意味著我們不對人的情感、想法和行為做出任何的評價，所以**對話的句型不再是「當你……時，我就接納你。」反而是「我將如你所是地接納你」**。重視，也尊重你有屬於自己的情感與體驗。

而回歸到我們對於自己的態度，佛洛伊德說人都是「趨樂避苦」的，這是我們很原始對於生存的欲望展現，但我們或許在面對自己的苦痛時，可以不要第一時間就給予否定或譴責。

有人曾問過政委唐鳳，如果遇到負面情緒來臨，她會怎麼做。

她說：「我會邀請那個情緒進來自己的心中坐坐，就像與朋友喝下午茶一樣，聽聽它想跟你說些什麼。」

我想痛苦的情緒仍舊存在，必然有它演化上的必須與優勢。它讓我們知道自己需要注意，或許生活出現了一些問題，或是自己需要一些休息。

我們可以試著**邀請「痛苦的情緒」一起聊聊，聽聽它想告訴我們什麼**，這會讓我們的生活過得更好些。

二、不要隔絕自己

當我感到低落時，我看見的世界是完全灰暗的，因此當我聽見路上行人的笑聲，我感到特別地不舒服，覺得「全世界只有我如此不幸」。

這樣的事，同樣發生在社群媒體。

當看見ＩＧ動態上的其他人是如此快樂，自己卻過得這麼痛苦，那種將自己放在秤子上與他人比較的心態，便開始作祟，覺得自己真是天大的倒楣。

不過，在我後來的經驗中，我發現身旁不少朋友或多或少都經歷過跟我同樣的情緒。我才漸漸意識到「**每個人都有自己的課題**」，這件事是真實的，只是很少人會拿出來放在社群媒體上，也很少人會真實地在社交中展現出來。

因此，可以想像的是，在很多笑聲與精采的背後，還是有很多真實的人生困難需要去面對。

那麼，我們還是孤單的嗎？

在經歷過低潮後，我明白「合適的支持」相當重要。在憂鬱的時候，總覺得特別孤獨。那份孤獨並不一定是身旁沒有人，而是在我需要的時候，沒有人懂我。沒有人知道，我其實很需要幫忙。沒有人知道，其實我想要一個擁抱。

或許我們不習慣表達自己的情緒，尤其在華人文化底下，我們更容易如此。

然而，不表達出來，勢必沒有人會理解，所以**我們可以探問自己，為何不習慣表達情緒**，是覺得那樣很軟弱？或是覺得被他人知道後會受到傷害？

記得有一次，我在接受諮商時，我談到我的困擾是，我不太敢跟朋友開口，哪怕只是吐吐苦水。

因為我直覺那會帶給朋友負擔，而且朋友看起來很忙，我不希望自己的打擾在最後帶來關係的破裂。但我又覺得孤單，想要跟好朋友聊聊天，只不過他們都在外地念書，要見面實在難上加難。因此，我焦慮至極。

心理師對我說：「你還記得上次你跟父母表達你內心深層的愧疚與感謝後，你們之間的關係，開始有了一些不一樣嗎？

「會不會你把內心真實的擔心與感受說給朋友聽之後，你們的關係也會更為緊密呢？」

後來，我剛好有機會南下去找朋友相聚。我說出了自己的這份感受與矛盾，雖然他們給我的答案不一樣。

有位朋友說自己這學期真的太忙，所以可能沒辦法好好傾聽，但也有另一位說可以啊，沒問題。他覺得不會是種負擔。

經過這樣的談話，我感到如釋重負。

儘管我的預設或許對不同的朋友來說可能為真，也可能為否，但能夠自在地討論自己的感受，清楚說出自己的焦慮情緒，讓我覺得不孤單，也知道這樣的表達，不僅幫助自己釐清他人想法，更重要的是，我們都有這份成熟，可以好好談心。

我感到好欣慰。

所以雖然不一定每個人最終都能給予我們很好的答覆，但在表達自我的當下，便是一種自我修練。

練習將覺察到的自己，恰如其分地表達出來。這樣的練習會為我們帶來自己與他人的連結感，也讓我們找到適合自己的內在支持，而非總是一人，獨自奮鬥。

三、適度接受自己負面的情緒

很常在情緒的當下，我們的心靈會瞬間地被黑暗充滿，而用這樣暗黑的心去看外界的世界，好像看到的都是處處的針對或不滿，或是會迅速要求自己將心中的黑暗倒掉，壓抑自己當下真實的情緒。

在情緒的當頭，我們的認知會受到影響，很多的看法變得不客觀，視野所看見的東西也經過篩選，世界的好與美將會被剔除，只留那些跟你心境符合的失落，然後整個世界就被換上末日濾鏡。

這時，我們的心情一定相當難受，有時不得不做些什麼，來讓自己好受一點。

但你有想過自己在那樣的當下，其實並不需要做些什麼事，就單純去感受這些情緒浮上你的心頭就好嗎？

心理學家瓊恩・羅森伯格 Joan I. Rosenberg 在《黃金90秒情緒更新》一書提到，研究發現其實**情緒的浪潮只有九十秒**。只要度過了這九十秒後，情緒將不再影響我們。我們可以決定要繼續糾結在情緒中，或是好好地去感受情緒，並接納。

邱淳孝心理師也在他的《闇黑情緒》提到，我們會「有條件」地接納自己的情緒，當遇到正向的開心、幸福或滿意時，我們敞開雙手，迎接它們的到來，然而當負向的憂鬱、悲傷或痛苦拜訪時，我們卻極力地排拒在外，希望它們永遠不要貼附在自己身上，所以他用「闇黑」代替「負向」，是希望所有的情緒都能受到接納與理解。

對我而言，要「迎接」這些闇黑情緒是有點困難，因為迎接好像是種快樂地歡迎，但如果改成「允許」情緒的存在，不一定要跟它說些什麼話，但至少不驅趕它，讓它在心裡也有自己的空間即可。這樣對我來說，就相對可行與可接受。

讓我們都學習對自己溫柔以待

「不批判自己的內心」雖然只有短短幾個字，但我卻花了整整三年的時間在琢磨。

時至今日，我能真的對自己溫柔以待嗎？許多時候，我的家人與朋友總是先提醒了我，明翰是很溫柔的人啊，我才進一步認知到，喔，原來這是我的優點呢。

善良、大方、謙卑、有禮、勇敢、知足、努力、堅毅……或許在低潮時，我們不小心就將自己這些很棒的特質忘卻了，但**這些好並不與逆境相斥**。

試著用力地告訴自己，自己是多麼珍貴的存在，而這些美好的本質證明了一切。

聽聽「感受」要跟你說什麼

當我覺得課業很辛苦時，我會拚命告訴自己，這些都是對於自己的磨練，等走過了，會更有智慧。

我是在上了大學後，才發現自己身上帶著這麼多的議題。

當下的我對自己有很多的不諒解，覺得自己好糟糕，怎麼情緒一直盤旋在谷底，想開心卻開心不起來，深深體會到什麼叫皮笑肉不笑。

那種必要時偶爾要呈現出來的禮貌回應，但其實內心早已疲憊不堪。如鴕鳥般，我希望有個大洞可以把自己全部埋起來，最好不要被任何人看見。

一個人在面對情緒低落時，不免焦慮，而且會想要趕快好起來，因為在那樣的情緒中彷彿世界蒙上了一片濃霧，既看不見遠處的未來，充滿希望的陽光也灑不下來，陰暗無比。

但事與願違，當我們極力想要讓濃霧散去時，卻發現怎麼揮也揮不掉。好像不會游泳的你突然溺水了，力氣漸漸消耗殆盡，最終仍舊卡在困頓當中。

你的痛苦與哀傷，是你正在接近自己的證明

此處，我想提一個很重要的能力，那是「自我覺察」（self awareness）。

如同我在前面所說，很多時候，我們在教育中受到過多的安排，好多人的聲音與期待弄得我們反而不清楚自己是誰，因此在成長的過程中，原本應該是我們漸漸知道自己喜歡什麼、討厭什麼、需要什麼的時期，我們卻漸漸地被剝奪了這樣的能力，最後我們連自己的感受是什麼，很多時候，也說不太出來。

但你有想過嗎？或許，你的痛苦與哀傷，是你正在接近自己的證明。

你開始覺察到自己的感受，你接受到你的心對你發送的訊息。儘管可能有時候是微弱的，但只要有那麼一絲的感覺，你其實已經離自己更近一步。

問自己，為什麼會有這些情緒

印象深刻的是，在我學習諮商時，有一堂課是老師帶我們一起思考有哪些情緒形容詞。對情緒的形容詞，可以是正向、負向、強烈與微弱的，但在思考的過程中，我赫然發現，我對情緒是不熟悉的。在我才想到幾個常用的形容詞後，我便感到吃力。

當你覺察到自己的情緒後，可以進一步想，為什麼我會有這些情緒。就像當初我不知不覺地在床上落淚，當下我覺得自己很誇張，但事後想想，其實那時的自己很不喜歡學校、遇到了感情挫折、不太知道怎麼誠實地表達自己，好多事都讓自己很累、很受傷。但我不知道，直到我落淚了。

每一種感覺，都可以是一本很豐富的檔案。在電影《腦筋急轉彎》中，各種經驗都被好好地保存下來，而且每種經驗都有不同的顏色，例如藍色是憂憂掌管的憂鬱經驗，紅色是怒怒掌管的憤怒經驗。

經驗並沒有誰好誰壞之分，它們記載的都是我們的感受，也是我們之所以成為現在的我們的原因。

因此，如果可以先覺察到感受（顏色），再看見感受下的經驗（畫面），這將有助於我們更理解自己，這也是為什麼自我覺察這麼重要了。

我告訴自己：「好好充實自己，才是重點。」

除此之外，自我覺察也是病識感的重要來源之一。

我很慶幸自己在察覺到身心異常的初期，就願意尋求不同種類的協助，無論是精神醫學或心理治療。

憂鬱症的症狀大多不太直觀，除了情緒低落外，很多的症狀與自律神經（交感與副交感）失調相關，包含腸胃不適、失眠、淺眠或注意力不集中等。

如果覺得自己有這些症狀，且症狀持續超過兩周，可以向精神科或身心科尋求協助。

我在求學過程中，很常會將一些未經思考的價值觀內化，例如當我自己覺得課業很辛苦或感情很挫折時，我會拚命地告訴自己，這些都是對於自己的磨練，等走過了，絕對會更有智慧，或當我很想找人說說話，尋求一些安慰、支持時，我也會想到《論語》提醒的，要能木訥寡言、多做少說，所以我便打消自己的念頭。我因此告訴自己：「安分一點，不要想太多，好好充實自己，才是重點。」

就這樣，我變得愈來愈壓抑，心情也沒有隨著時間走過而逐漸明朗，反而我覺得自己逐漸將自己隔絕。

我覺得沒有人理解自己，大家都只看見我的外在表現，但其實我默默地期待別人應該理解我。

因此，當家人或朋友誤解我時，我內心感到很不是滋味，而在後來大爆發，深陷憂鬱的心情當中。

很多的價值觀成了自我批判的養分

在教育的過程中，我們可能接收了很多的理念，但我們卻鮮少被教導要批判思考，要想想這些理念是否符合時宜，又或根本似是而非，不能作為我們自己的行事風格。

我們在大量的背誦、考試中，對於很多想法的理解，只停留在字面上。有時候覺得某句話說得不錯，就不小心內化成自己的教條。之所以說是教條，便是因為這些理念不僅沒有幫助自我成長，反而禁錮了自己，讓自己莫名地困在泥淖當中。

當然，我們可以想像成這是種經驗學習，我們試著在嘗試與錯誤中學習成長，但這必須建立在我們能夠辨識不適合的信念，並適時屏除，而非持續固著。

但這真的很困難。

在憂鬱症的頭幾年，很多的價值觀成了自我批判的養分。我經常拿片面且未經思辨的想法來評斷自己的對錯，或行為的方向應該怎麼走；結果最終自己成為紊亂的個體，就像熱鍋上的螞蟻深陷危機，卻找不到方向，看見的，只有大量的焦慮與不安。

我**建議可以練習與自己的想法保持一段距離**。在心裡浮上一些念頭時，先暫且抽離，看看這樣的念頭從何而來，甚至適時地質疑這些念頭。

儘管在心情低落時，我們很需要一些解釋來讓自己安心，但抓取浮木的安全感是暫時的。若我們的浮木事實上為腐木，我們很容易再次沉淪，陷入情緒的漩渦中。

尋求支持，是勇敢的表現

而對於尋求支持這件事，我覺得實在相當重要。

有時候，我們可能會有種想法，覺得問題要自己處理，才是勇敢且獨立的，或許也確實是我們社會所鼓勵的強勢思維。自己消化，自己解決，我們的教育更經常如此地教導我們。

但為何我們不能尋求支持與安慰？只因為這聽起來很懦弱嗎？

我們每個人都有親和與歸屬的需求，尋求協助不代表我們就顯得弱勢；反而當我們願意好好地面對自己的困境，積極找尋可以幫助自己的方式，這反映了我們正勇敢且不逃避地在面對問題。

為何這是種脆弱呢？我覺得這反倒是相當值得鼓勵與提倡的，因為那正是我們努力面對人生困境的展現。

放下很ㄍㄧㄥ的自己

上大學後，我透過做很多事，麻痺自己對於新環境與人際的焦慮，也營造出我是個有能力且自主的人。

向來的我，是相對獨立的，尤其在脫離國中階段後，儘管對於一個人的孤單仍會感到焦慮、害怕，但不會需要時時有個人在身旁，也**學會自己的事，自己處理。這在我們的教育中是鼓勵的，被視為是種重要的成長**。

但在獨立的背後，有時不僅是學習為自己規劃生活，也可能是壓抑自己的情緒與感受，使得自己得以維持在一個外人看來穩定且自信的外貌，但事實上，只是在逃避自己的議題，害怕面對真實的需求。

別人眼中的我很優秀，這也是我從小到大的追求

在前面的篇章提到，上了大學後，我其實為自己找了很多事做。我透過做事來麻痺自己對於新環境與人際的焦慮，也營造出我是個有能力且自主的人。

那時的我，經常作為一名協助者，無論是陪伴同學走過困惑或低潮，協助班上統籌各類事務，或擔任諮輔志工，幫忙諮商業務。久而久之，身旁有些朋友喜歡與我傾訴自己的心聲。他們信任我，也覺得我能夠給予很好的同理或建議。

「你不覺得那個XXX老師很機車嗎？他竟然臨時出作業耶！」

「我最近身體不太好。我覺得上課好累喔。」

「我舅舅因為一場爆炸過世，你覺得我要怎麼安慰舅媽？」

「班代，班代，你知道這件事應該拜託誰嗎？沒有人的話，你可以幫我做嗎？」

是我心理的投射，而不是對方的需求

能夠聽見別人真實的心聲，對我來說，很有意義與價值；不過漸漸地，我覺得自己的

角色逐漸被定型了。

那個角色的定位包含自己必須要富有同理心與耐心、要能給出支持，還要能領導統籌。而不知不覺，我也把這些期待內化了。覺得自己「能者多勞」，有能力就該多做一點。

這樣的身分，讓我難以放下的原因，還包含**我自卑的心理被滿足**。

別人眼中的我很優秀、很可靠，這不正是我從小到大都在追求的嗎？雖然很多時候我可能沒有太多的心力或時間，但別人是因為認同我，我還是應該多擔待一點，這樣朋友也會更喜歡我。

當時的我，沒有心理界線的概念。不分關係的親疏，幾乎可以說來者不拒，因此有時被稱為「中央空調」，亦即跟班上每個人都好，也總會義氣相挺地為他人挺身而出。

但這是我自己心理的投射，而不是對方的需求。

為了鞏固與營造形象，選擇隱忍脆弱

我因為自己需要被認可，將自己推上了很多的位置。或許我以為大家來找我是因為我夠可靠，但也很可能只是因為我很好說話，所以大家習慣了。

回想起國、高中經常擔任各大幹部的我，或許也都潛藏著自己需要被肯定的需求，而不是純然真心地有興趣而想投入。

而在這個角色定位中，我還**開始期待自己要盡量「完美」**。課內的課業要顧好，課外的社團要參加，還有學術、志工、工作坊等等。

只要一有時間，我就會想嘗試，為的不僅是實質能力的獲得，還下意識地想鞏固與營造自己的形象。當時期待著大家會喜歡這樣的自己，生活充實且光彩。

但反面的效應，便是當我心中有失落、生命有挫折，我拉不下臉說出口。

感覺只要我找一個人傾訴，我就會被看穿其實我不是這麼全能。連帶地，之前的假象好像也會穿幫，所以很多次我選擇隱忍。

漸漸地，我也不會想到自己有需要被傾聽的需求了。

男性也有被傾聽的需求

然而，這樣的狀況也與「性別」相關。向來男性被認為是相對理性、客觀與堅毅的個性，然而這樣的期待，往往造成男性有苦難言，成為有毒的男子氣概（toxic masculinity）。

男性之間的情緒支持，經常是大聲地打氣，或是說不要想這麼多；行動上也經常借酒澆愁或騎車跑山，卻非溝通討論或尋求支持。

這樣的性別期待雖然不完全能套用在我身上，畢竟我不是這麼的傳統、陽剛，但對於仍是生理男性的我，經常也有種莫名的坦承壓力。無法像女性在互動過程中，會有較多的情感支持與陪伴，在彼此說說話後，自然心情也會好些。

這樣的刻板印象不只停留在上一輩，它仍持續透過各種教育方式，成就與再製了現在青少年男性孤立的現況。不得不說男性在情感教育中經常被邊緣化，好像男性沒有困擾，也不用被傾聽。

擁有微笑憂鬱的青少年「黑數」並不少

另外，隨著社群軟體的興起，表面上光彩奪目，實際上黯淡無比的青少年愈來愈多。社群軟體使人更容易營造假象，也豢養了不少人愛慕虛榮的心理。因此簡單地發個限時動態，無論是吃好料、買 iPhone 或上山下海，大家不是真的單純地想分享自己的喜悅，還包含了想被肯定與贊同的心態。

漸漸地，這群人罹患了「微笑憂鬱」（smiling depression），也成為當代青少年常見的狀況。

至於什麼是微笑憂鬱？在洪培芸心理師《微笑憂鬱》一書中，她描繪微笑憂鬱可能的樣貌：「常被當成開心果，也喜歡逗朋友開心。然而當他們獨處時，卻深陷悲傷、痛苦及絕望感。這是旁人所看不到，無法觸及的真實面。」

微笑憂鬱的痛苦在於，憂鬱已經因為社會氛圍，而成為很難以說出口的情緒；但我因為必須要在別人面前維護向來「陽光」、「正向」與「正能量」的表象，所以我更不能露出馬腳，我要一如往常地維護好自己的形象。

外界也確實因為當事人的隱藏，經常看不到當事人任何的跡象。因此我們的社會新聞，才會看見明明有人昨天還在社群上分享自己的美照，結果隔天就一躍而下，結束自己的生命，讓眾人不解，也震驚。

微笑憂鬱在臨床上相似於「高功能憂鬱症」（high-functioning depression），意即生活上表現不錯，甚至許多是成就過人。我們不會聯想到這群人具有憂鬱症，畢竟印象中憂鬱症好像要看起來疲憊不堪或食不下嚥，而這個族群正顛覆我們對憂鬱症的理解。

這樣的「黑數」在青少年間其實不少。有時候會覺得社會過於崇尚「正能量」，總是想讓生活看起來有希望、有質量或有價值，其實我們心知肚明根本不可能。

但我們確實是如此期許每一個人，而那些成就優異的人，更被種種期待綑綁，他們成為我們所想看見的樣子，那樣陽光普照。

壓抑不代表消失。這些受到微笑憂鬱挫折的人，更**經常多了份自己內外不一致的自責**，會覺得自己為何就不能誠實地做好自己？自己到底為何要躲躲藏藏，到後來都不是自己了？

允許自己悲傷；只要是人，都有情緒

這些選擇或許一開始是自願的，但漸漸到後來，這樣的自願也因為各種期待而被加強。

當我們意識到自己有微笑憂鬱的狀況，可以試著先允許自己悲傷。告訴自己，只要是人，都有情緒。現在的我，很正常，不是我的錯。

接著，可以嘗試告訴不是當下生活圈，卻可以傾訴的家人或朋友，因為有時可能是擔心怕在生活中被揭露，造成日常相處的尷尬或負擔。

但當我們開始被接納，甚至被鼓勵表達自己的情緒，我們可以清楚地知道，**表達情緒與尋求認可是再正常不過的事**，不需要躲躲藏藏。

當我們自己看自己的時候，我們可能會專注於自己的局部，例如鼻子上的粉刺，或瞳孔的顏色，但別人在看我們時，不會如此放大我們的局部。他們看到的會是我們的整體，包含我們的態度、性格與經驗，進而去認知我們這個人。

當我們能夠真實待人時，對方會感受到我們的真誠。當我們願意去承認自己有極限，同時也有各類的情緒，而不是誇大自己的能力，或只呈現好的部分給人看，喜歡你的人自然會支持，甚至會因為你的真誠，更喜歡與你同在。而不掩藏與裝扮，也代表著更多的自在與舒適。

因此，無論對自己或對別人，請試著放下那個很ㄍㄧㄥ的自己。我們都是人，只要是人，都會有情緒，這再正常不過。

不甘孤獨的自己

焦慮底下，是我不希望被別人認為我人緣不好。

我是家中唯一的獨子，從小就經常一個人獨處。

還記得讀小學時，阿嬤會來學校接我放學。我們沿著建中的紅牆，漫步到泉州街的林家乾麵吃麵，配蛋包魚丸湯。回到家之後，我坐在沙發上看卡通，一個下午很快就過去了。那時的我挺快樂，並沒有意識到自己的孤獨。

上了國中後，我很喜歡跟同學黏在一起。有時候上廁所還會找朋友一起去，或回家也拉著我的好朋友一起走上一段，通常因為朋友人很好，沒有拒絕我。我就在很多的陪伴中，度過國中時光。

到了高中，因為是跨區就讀，不過，當時我住的地方恰好與一位高一的同學重疊，於是我們經常坐同班公車一起回去。但若同學有事，我不知道可以跟誰一起回家時，心裡會有不小的焦慮。

更深層一點去看，**在這份焦慮底下，其實是我不希望被別人認為自己人緣不好的心態**。

因此，我會在下課鐘聲一打時馬上跑出教室，因為這樣我不會需要在一大堆人成群結伴地離開學校時，自己一個孤苦伶仃地獨自行走，或者會等到多數人都離開校園後，我再慢慢走出校園。

害怕被看見自己是一個人

最後是在大學時，自己一個人吃飯和一個人走在校園漸漸變成常態。

還記得有次假日中午，因為多數的同學都回家去，正當我想著要不要問同樣沒有回家的同學，看是不是可以一起吃飯。

但我害怕提出邀請，覺得會麻煩到別人，同時也擔心被拒絕，於是我自己一個人走出去買飯，結果恰巧在路上遇到那位同學跟她的室友。當下，我陷入害怕被看見自己一個人的焦慮中。我急忙地打招呼，並自己匆匆地逃開現場。

無法享受一個人的自在

還有一次是放暑假前的端午連假，因為心想轉學後可能不容易來到中部，因此決定自己找個地方過上一夜，順便看看一直以來都沒有好好探索的地方，後來我決定在日月潭度過兩天一夜，住宿與交通也都安排得妥貼。

在第一天的行程中，我在日月老茶廠參觀，勉強地在廠前自拍一張；接著，來到了向山遊客中心，我將許多漂亮的美照放在社群上，想彰顯自己生活的豐富。

但後來，我發現自己其實無法好好地享受當下，因為我一直想到自己是一個人的狀態。我覺得自己只是在勉強自己，要把一個人的生活過得好看，但卻不斷地感受到心理的匱乏，我感受不到自在的快樂。

最後，我取消了當天的住宿，結束了行程，內心不勝唏噓。

為什麼我會害怕孤獨？

孤獨、一個人，這種心境對我來說，經常是很重的負擔，感覺像是帶有不適合孤獨的基因，打從骨子裡排斥，而且長愈大，愈敏感於孤獨。

後來我回想自己小時候成長的過程，赫然發現只是因為一直以來有人陪伴，因此孤獨並未時時刻刻地威脅著我。

但孤獨的意義到底是什麼？為什麼會有一種我如此厭惡的狀態？

我開始翻開不同談論孤獨的書籍或聆聽相關的Podcast，才明白在以前的狩獵時代，一個人孤獨，很可能會遭受到猛獸的威脅，而人的身體組成上是脆弱的，很多時候我們得以勝出，靠的不是我們的體型，而是透過與社群的溝通及合作，才可以免於外在世界的侵入，保護好自己，因此在演化上，我們自然會抗拒獨處，因為那會為我們帶來生存上的阻礙。

但在當今現代，我們不會再時時面臨各種威脅，一個人的危險性也相對降低許多。

特別是在新冠肺炎疫情的籠罩下，保持社交距離與避免不必要聚會成為我們必須配合的，因此孤獨的議題特別浮上檯面。尤其在三級警戒之下，大家對於孤獨應該都相當有感。

出版過《孤獨六講》的蔣勳老師，曾在疫情中的訪談提到：「在漢字當中，『孤』跟『獨』都是非常負面的意義；然而在西方文字中，孤獨（solitude）的字根 sol 代表『太陽』，可以感覺到兩個文化的差異很大。」

他也點出我們具有群體主義的文化，他說：「在華人社會中，我們大概不太容易感受到孤獨，因為君君、臣臣、父父、子子，儒家強調所有事情都是相對的。」

那是我對「孤獨」特別深刻的覺察之一。確實，**我們的教育鮮少教我們要孤獨，要練習自己與自己同在**。反之，我們推崇群際關係，我們嚮往自己有許多的朋友，好似那才是通往精彩人生的康莊大道。

每個人都需要「關係」，也需要「孤獨」

不過，依循著自己的經驗與各家的說法，我後來了解到「關係」可以幫助我們「向外」

探尋，例如透過不同領域的朋友，了解各方觀點，或透過閱讀，增加自己知識的廣度與深度，而**「孤獨」則可以幫助我們「向內」探尋**，包含更多對自己內在世界的了解，幫助自己活出更喜歡的生活。

許多時候，兩者都需要，甚至可以說一體兩面。沒有了關係，我們很難憑藉著一己之力，領略世界的廣博，或能從不同的角度，思考事情的不同面向，但沒有了孤獨，我們會受到許多社會期待的擺布，進而無法為自己的生命作主。

當然，關係好，不代表必須要有很多的朋友，尤其對於個性相對內向的我來說，如果今天參加的是一場彼此應酬的淺談，我會覺得辛苦且費力，且難以真實地展現自己，只有高品質而深入的互動，才會使得我感覺自在，並願意與他人有更多的接觸。

在一本由美國神經科學家柯亞力（Alex Korb）博士所寫的《一次一點，反轉憂鬱》的書中寫到，孤獨這件事與我們的神經迴路也有關係。

作者本身也是討厭孤獨的人，因此擬定與朋友相見的計畫，經常會使他感到很有壓力，也因此當他在寫作時，他選擇在咖啡廳，而非家中書寫，讓咖啡廳的音樂與來來去去的其他顧客陪伴自己，降低孤獨的焦慮。

而在我的經驗中，當跟朋友一起出去三天兩夜時，有時會覺得話說盡了，甚至會有一種想要回家休息的想法。

儘管可以出遊的機會非常難得，甚至可以說是我朝思暮想，但我體認到再密集的接觸，也會有它的極限。

然而，我更長的時間是獨自一人。或許不得不承認，**正是因為孤獨，才使我有更多與自己對話的空間**，而長出不同的生命厚度，但我也清楚自己心裡是渴望可以與人互動或交流。因此，後來我開始學習為自己安排與家人、朋友的相處，或是做志工，服務人群。

在那些時間裡，我會好好地享受讓別人走進我的生命中。過程中，我也會感受到自己是在蓄積能量，而這些能量將會在孤獨的時候，陪伴著我。

為他人付出，找回價值

我繼續投入志工，也因此理解到，並不是所有的事都理所當然。

前文曾提到，憂鬱症的負面想法經常是反芻式，好像海浪一般，一波又一波地打在我們的心上。無奈的是，我們經常愈陷愈深。逃不出被折磨的囹圄，一直被困在沙地上，任由負面想法不斷沖刷。

情緒不等同於事實

在這樣的負面想法堆積中，我們會失去對自己的自信。不論過去自己有多少豐功偉業，也無論過去的自己是多麼聰明能幹。我們很難在一次次對於自己的質疑中，還能保持住對自己的相信，因此我們逐漸萎靡，逐漸耽溺。

但我們真的就沒有能力了嗎？我們真的就瞬間失去價值了嗎？不是的，我們一樣有能力、有價值，只是當下的情緒使我們誤以為一切都糟糕透頂。

但從旁人的角度來看，會覺得你其實並沒有任何的改變。你還是你。所以請記得，情緒不等同於事實。

強化自己的價值感

除此之外，當我們仍然有一份氣力，願意相信自己有能力，我們可以試著去展現它，讓它真真實實地展現在我們面前，進而強化自己的價值感。

每個人展現能力的方式都不一樣，有人可能是鑽研學術，考出更好的成績；有人可能是照顧自己，把自己周遭的環境都打理好；當然有的人將專注力投入在工作，奮發向上，展現自己的專業。

這些都是可行的方式。一方面，**我們少了不斷檢討自己的時間**。另一方面，我們也透過付出而找回價值感。

而我想分享的是我擔任志工的收穫。或許當你聽到志工時，你會想這真的太八股了。你或許會說每個老師都說要服務人群，但你想到的只有之前讀書時，拚死拚活為了時數而犧牲假日的不好經驗。

坦白說，我們的教育制度將服務這件事，與學校或升學成績掛鉤在一起，反而容易讓學生變得不尊重志願服務。

當志願服務是為了獲得報酬，孩子很難細心去體會其中的收穫，因為孩子並不是真的起心動念而自願去做。

之前讀國、高中時，我曾選擇到一間滿大的醫院服務。當時，我曾負責將上百份的病歷分類。另一次是我協助將知情同意書釘在一起，還有一次是幫忙拆掉百餘瓶藥水的紙盒。

老實說，這三次的經驗下來，我真的沒有什麼收穫，只單純覺得脖子很累、手很痠。我像極了機器人一樣，反覆地做一件事，然後半天就過去了。

雖然，我後來知道，那幾次在醫院之所以會做些機械式的工作，是因為當時是短期志工，沒有任何的訓練，但也因為服務前，我抱持著可以有所學習的期待，結果令我有些失望。

從孩子身上看見，並非所有的事都理所當然

直到進入特教系，我開始有機會接觸特教的孩子。特殊教育之所以特殊，是因為這些孩子們都有各自的困難，因此需要特別的專業介入，輔助他們的學習及生活。

其中，我對兩個孩子印象深刻。

第一個孩子，是我去夜間課輔遇到的。當時，我們每個禮拜晚上會有一天，一起到某個學校，協助輔導孩子的課業。

還記得那時候，我固定陪伴四個孩子。他們每一位都有重度的肢體障礙，因此他們藉助輪椅代步。儘管如此，他們就好像一般的孩子一樣，會彼此吵鬧，會不想寫作業，會喜歡到處找人聊天，這大大顛覆我原先的預想。我也才**學到不應該先入為主，也不要小看人的可能性**。

在四個孩子當中，有一個小女孩還伴隨了語言障礙。她沒辦法用口語的方式表達，所以我們溝通時都會透過溝通板，溝通板上面印有注音符號與聲調。當小女孩想說話時，我就會拿起溝通板，讓她用腳趾頭，一個一個慢慢地點出來。

那時的我，其實很感動。因為說話對於我們而言稀鬆平常，有時甚至會懶得溝通，但對她來說，儘管表達很緩慢，也很吃力，她依然沒有放棄，因為那是她與外界聯繫的唯一方式。她必須如此。

每一次的課輔結束，我都還會默默地回憶起那天又看到了哪些感動的畫面。有時，我的心情會澎湃到潸然淚下，暗自期許自己要更珍惜所有的一切。畢竟對有些人來說，很多事物都並非理所當然。

看見孩子的「努力」，而不是要孩子「做到最好」

另外一個例子，是我參加冬令營時遇上的孩子。那時我陪伴一位重度自閉症的孩子。我們一起度過一個禮拜的時間。

一開始，我非常無力，因為那個孩子沒有口語能力。很多時候，我沒有辦法清楚知道他的想法，又因為自閉症經常會有固著行為（stereotypical behavior）的發生。很多動作，只要孩子一認定，即使你再如何勸說，甚至責罵，他無法改變，就是無法改變。

當時的挑戰變成是我必須清楚孩子的能力在哪裡。如果有些行為他做不到，我千萬不可以因為自己的期待而去要求他馬上學會，反而是要給予循序漸進的引導與陪伴，他才有改變的可能。

而有些不太影響生活或他人的行為，或許是孩子自我刺激的方式，短期內也不需要要求孩子做好。畢竟對孩子而言，每一個改變都是辛苦的，我們只能選擇最優先的去教導。

其實在冬令營的前期，我是崩潰的。因為有太多事，我不清楚，卻也**不小心將自己的高要求帶進現場**。忘記**孩子們都有自己的極限，應該要去了解，而不是旁觀**。

但到了後期，我開始喜歡上這個孩子，儘管我每天都精疲力盡，又或者還是有令人生氣、挫敗的時候，但當我發現孩子其實已經努力過了，那麼有沒有做到最好，就已不是重點。

他們一點點的改變，對我們而言都是很大的鼓勵。

正向的互動關係，替代過去的負面經驗

在轉到政大後，我轉換了場域，我到普通中小學擔任課輔老師。

擔任課輔老師時，我看見了學生更多元的問題，例如社經地位與學習低成就。

二〇二一年的暑假，我到綠島，進行一個月的英文義教。在那裡，我學習獨當一面，也學習與人連結，並享受純純的小島人情與美景。

二〇二二年，有感於在疫情中醫療的重要，我進入另一間醫院，擔任長期志工。在兒童大樓中，我看見初生的喜悅，但也體會到傷病的無常。生老病死確實是我們無可逃避的人生歷程。

現在回想起來，我之所以會繼續一次又一次地投入志工，大概是因為在每個服務的過程中，「施比受更有福」這句話不斷地受到印證。

一方面，我能透過與不同的生命交流，理解更多自己不曾經歷過的事物及道理，讓自己有所成長。另一方面，我能夠用自己的力氣與知識，去協助需要的人，進而看見他們的成長，這同樣是莫大的喜悅。

同時，在過程中，許多正向的互動關係替代了過去的負面經驗。這也**讓我漸漸願意相**

信，自己可以經營一份好的人際關係，同時更清楚一份適合自己的關係，具備了哪些條件，那是包容、接納與陪伴，而非否定、傷害與欺騙。

至於你找回自己價值的方式又是什麼呢？

當我們因為憂鬱而感到迷惘，覺得自己沒有存在或被愛的價值，不妨試著去對他人或團體投入心血與時間。

在過程中，不僅能看見自己與他人的成長，相信在我們的心中，也都會長出肯定自己的力量，同時獲得更多心靈上的飽滿及慰藉，更結識一群志同道合且相互合作的夥伴。

別逼自己要趕快好起來

對憂鬱症患者而言，我們努力地想讓自己好起來；我們想要當個「正常人」，趕緊回到生活的軌道上。

無論是憂鬱情緒，或是憂鬱症，我們經常會希望自己能夠趕緊擺脫。在情緒裡受苦的我們，都會有這樣的念頭。

然而，在我自己走過的經驗裡，我發現**「等待」是個重要的學習**，不再那麼急於想好起來，而是感受自己的狀況，漸漸地在養傷中康復。

情緒不會挑選時間。任何時期，我們都可能處在憂鬱的情緒當中。或許是在學期間，或許是寒暑假，或許是生日，或許是過年，而在不同的時間中，我們都會有自己需要兼顧的事，有的人需要打工，有的人需要寫報告。

當憂鬱來襲，如何面對生活？

當憂鬱情緒來襲時，我們該如何面對自己的生活呢？我自己深切地體會過，當我內心黯淡不已時，我仍需要鼓起精神，為家教學生上課，做好每周志工該負責的事，準備學校的課業與考試，還有參加一些已經約好的活動或飯局。

該如何取捨？成為當下很艱難的抉擇。

一方面，會覺得情緒不是這麼重要，而且為了自己的情緒去取消或延後別的事，不知道會不會太小題大作，甚至有所損失？

但另一方面，實際在做事的時候，卻發現很難專注或好像要假裝自己很好，內心很不好受。

在面臨這樣的抉擇時，**我會建議，照著你的感受走**。

既然你會有前面敘述的掙扎，想必你跟我一樣，其實很看重自己的課業或工作。或許一時半刻，我們還無法說放手就放手，我們還是會擔心自己的進度落後或讓別人失望。

因此，如果你覺得有些重要的事情，你自己還是可以應付，那麼去做也無妨。

但有些不是太過急迫或重要的事，我覺得推遲一下比較好，為自己爭取更多休息、放鬆的時間。

憂鬱情緒與憂鬱症都需要「時間」

隨著社會對於憂鬱症有更多的認識，我們開始知道，不要跟憂鬱症的人說「你要加油」、「別想太多」或「看開一點」等等的話，因為我們知道任何外界的正向思考，只會造成憂鬱症患者的負擔，成為壓垮駱駝的最後一根稻草。

但對於憂鬱症患者而言，我們也經常努力地想讓自己好起來、振作起來。或許我們內心的能量還不夠充沛，但我們也不希望自己總是看起來如此糜爛，我們想要當個「正常人」，趕緊回到生活的軌道上。

在這過程中，不知不覺，我們會對於「時間」很要求，或許是因為處在低落裡，時間過得特別慢，而如果還使用社群軟體，一直關注大家在做些什麼事，更會加深自己想要趕快好起來，趕快再變回那個忙碌，卻有能力的自己。

但，憂鬱情緒與憂鬱症都需要「時間」。需要時間去看好笑的影片，需要時間去找人大哭一場，需要時間去買自己想吃喝的食物，需要時間就躺在床上，什麼事也不做。不管每個人是如何度過情緒，我們都需要這份時間。

我們不會斷了一隻腳，還說要趕快回去上班

在這段時間裡，我們必須**理解自己正在情緒的「急性期」裡**。

你可以想像假如今天某人遭遇一場意外，遍體鱗傷地被送到急診室，他會需要時間做緊急的處置。從檢傷分類開始，醫師問診與處置，看是否需要住院，以及後續的照料。我們總不會斷了一隻腳，還說要趕快回去上班。

然而，今天憂鬱症的嚴重程度之所以會被疏忽，是因為我們好像還有能力去做事情。儘管我們的專注力已經明顯下降。面對眼前的電腦，打不出半個字，或是我們內心有波濤洶湧的情緒竄出，心情難過到根本食不下嚥。

在我自己的經驗裡，心理疾病如同生理疾病一樣，都需要先度過一段急性期，才會有後續的療養與康復。

憂鬱世代

而在急性期當中，情緒經常像是裝太多而滿溢出來的水，當你愈用力去壓抑它，反而只會滿出來更多，讓自己更難受。

情緒同時也是一種提醒，提醒我們平常已經過於緊繃，這時我們需要的是好好地休息。

每個人獲得的休息方式不一樣，但吃飽、穿暖與睡足，絕對是我們都可以身體力行的。

完整，不完美

完全不需要譴責自己好像沒有做什麼事，
因為平常的你，其實已經夠努力了，而現在的休息是值得的。

每一次新的一年，許多人都會提到要為自己設定新希望。但許多時候的實際情況，就好像拿到新的日記本，一開始字體工工整整，每天都期待自己要寫上一些話，到後來卻變成週記本，甚至有時一個禮拜還沒辦法寫上一次。

漸漸地，心裡衍生出罪惡與內疚。心想自己竟如此沒定力，連帶降低對自己的信心。

教育強調奮發向上，較少自我照顧

在訂定目標的本質上，會有個問題，就是我們沒有考慮到過程中可能變異的因素，例如突然心情不好，或是想多探索自己一點。

當這些需求來到我們的眼前，我們會堅持自己的理想，還是有彈性地照自己的需求調整呢？我想教育現場強調的是前者。

教育希望我們要有恆毅力、堅忍不拔，但久而久之，我們除了開始對自己的需求麻木外，也經常為了目標捨我其誰，對所付出的代價，更選擇性地忽略。

「生涯發展」與「身心健康」都是我們重要的需求，甚至以馬斯洛的需求理論來看，生理與安全的福祉是我們最重要的根基。

但當教育一直強調的是要奮發向上，對自我照顧卻是隻字未提，那麼培育出來的孩子自然會呈現相對的功利、消耗與褊狹。

不需要自責，好好地陪伴自己

曾經在一場與心理健康有關的講座上，有學生問：「我如果得憂鬱症，我要如何在顧及課業的情況下，也照顧好自己的心理健康呢？」

這句話，我剛聽到時，並不覺得有什麼問題。因為若換作是我，也會同樣好奇。但後來，我覺得這句話是有問題的。這就是傳統教育帶給我們的價值觀——即使抱病了，卻還努力求學，這是孩子的好學、勤勉、刻苦、耐勞啊。

而在這句話底下，顯示的是學生認為課業比起自己的健康來得重要。身心福祉（well-being）向來在教育中被弱化。很多時候，都要等到真正生病、住院的那一天，我們才驚覺事情的急迫性。

我會分享這場講座上學生的提問，是希望可以跟青少年，特別是覺得生命黯淡而不斷自責的人說：「暫時沒有目標，真的沒有關係。」

有些時候，**我們必須接受自己需要休息的事實**。即使一天下來沒有做什麼事，也無妨。不需要自責，不需要振作，就好好地陪伴自己，至少能夠睡飽、穿暖、吃足。完全不需要譴責自己好像沒有做什麼事，因為平常的你，其實已經夠努力了，而現在的休息是值得的。

試著讓忙碌不停的心漸漸放下。讓過去身心的耗損，藉由休息來補充元氣。漸漸地，我相信你會感受到自己內心的平靜，而**這份平靜在最後也會將你支撐起來**。

「好樂團」曾經發行一首歌〈他們說我是沒有用的年輕人〉，裡面提到很多的關鍵字，例如「寄託」、「小確幸」、「空有想像」及「放棄」。這些詞就像畫筆一樣，勾勒出年輕世代經常被看扁的現況，要不覺得怎麼遇到一點挫折就氣餒，或是覺得年輕世代經常在懵懂中度日，不懂得為自己爭取更多成就。

但我們自己要清楚，整個大環境已經改變許多，甚至知識更新的速度也較以前更快。以前那個願意努力就有收穫的光景，已然不同，現在我們所面對的是更快速且更多變的世界。

而我們都身而為人，我們並沒有跟著時代更迭而進化成人類2.0，變成有兩顆腦或四隻眼，因此我們有更多的時候會感到「厭世」，覺得大局下的自己無能為力，但這絕非是我們樂意的選擇。

在前文，我們談到「自我覺察」，開始學習與自己對話，試著感受自己的情緒，理解許多的擔心與焦慮從何而來。當我們更清楚自己的內在狀態，我們才有機會去重新選擇，或許換個不同的念頭，去思考同一件事情，也或許就由感受持續，更深層地去看見自己的需要。

不只接納好看的自己，而是尊重、接納自己所有的情緒

這一篇，我們談「自我接納」。接納應該是沒有條件的，意味著我不會只接納好看的自己，而是我尊重、接納自己所有的情緒，同時不怪罪自己能力上的限制。

在學習自我接納的過程中，經常還是免不了會想讓自己的負面情緒一掃而空，但當我們意識到自己正在驅逐某部分的自己，可以試著在心中「讓自己暫停一下」。

看看那個想被你拋棄的負面情緒，是不是帶有什麼訊息，覺察自己當下為什麼會有這樣的情緒。**覺察過程可能會有些不舒服**，但這些不適，**也正是讓我們成長的養分**。

以前在待人處事上，或許我們習慣追求「完美」，但隨著遇到愈來愈多不可控制的事，也看見自己有愈來愈多需要克服的關卡，我們會漸漸放下對於完美的執著，而將專注放在自己的身上，更理解自己，也更與自己站在一起，使自己變得「完整」。

「自我接納」沒有終點

但在學習接納的過程中，別忘了，試著讓自己舒適。因為你已經在做一件很困難，也

了不起的事。

安・海瑟薇分享過一句話，她說：「你只是個人，你不需要時時刻刻都保持得有條有理。」（You're only human. You don't have to have it together every minute of the day.）

有時候會不小心在學習自我接納的過程中，又以追求「完美」的心態，去要求自己一定要迅速「完整」，但正因為完美不等於完整，我們更要以寬容的心去面對自己的所有，而非更多的鞭策與要求。

自我接納應該是一件愈來愈舒服且平靜的事，對自己真誠即可。

最後，「自我接納」沒有終點，不像許多的事物總會有做完的一天。

一本我很喜歡的書，是《死亡與生命手記——關於愛、失落、存在的意義》。儘管這本書的兩位作者正面對臨終課題，但他們仍不斷地與彼此及自己對話。

其中丈夫歐文更在妻子瑪麗蓮離世後提到：「我那顆孩童的心，那顆軟弱、哭泣、蹣跚、易感的心卻想要聽妳說：『我什麼都知道。親愛的歐文，我一直在你身邊，每一刻都陪著你。』」

從中，不僅可以體會到對於親愛的另一半離去，是多麼的悲慟與哀傷，同時也可窺見，直至撒手人寰的那刻之前，還是會有許多的悔恨、不捨與自責，需要一一去消化與處理。

歐文是哀傷輔導的專家，但直到他真實地站在伴侶與自己的死亡面前，他也才逐漸地理解與調適，而面對自己的情緒，「悲傷，是我們為敢愛所付出的代價。」

歐文清楚自己的情緒來自於對妻子的深愛，儘管這份情緒仍劇烈地存在著，但**悲傷告訴了我們，其實自己是有愛人的能力**，也很幸運地擁有適合的對象，這是畢生的禮物。

雖然悲傷，卻也開心自己擁有著。

願我們都勇敢地覺察與接納自己，這是我們一輩子最重要的功課。

自我覺察與自我療癒（二）

黯淡的生日有了光

驚覺原來每個人都有自己脆弱的一面，我並不孤單。

每年的跨年是我的生日，而在第一次踏入精神科的那一年，是我第一次在外地過生日。還記得直到生日當天，我仍然快樂不起來，彷彿那天本不該慶祝任何事情，也覺得自己不值得被惦記。

因此，當我知道大學同學那天要幫我慶祝時，我的心情矛盾不已。我不知道要以什麼樣的心態去面對他們。是假裝自己適應良好，毫無狀況嗎？又或者要在如此歡樂的日子坦承自己的脆弱？

左思右想，我仍然沒有定論。

可以呈現出多少真實的自己，而不會被覺得奇怪？

當天，我的課上到晚上九點，同學們相約晚上十一點在校園的湖心亭見面。下課後，我快步走回宿舍盥洗，想著等等該穿什麼裝扮，該如何回應可能有的驚喜，最重要的是，我可以呈現出多少真實的自己，而不會被覺得奇怪，或者尷尬？

跨年是個很好的理由，可以在臉書上打下今年的回顧，因此我在跟同學見面前，打下自己內心想說的話，我寫：

二〇一九年，對於我來說是個低迷的一年。前半年，最心心念念的莫過於是升學考試。還記得國中升高中的時候，整天為了補習搞得焦頭爛額。補全科班的日子是多麼的痛苦，因此當初的我立下誓言，高中絕對不補習。

憂鬱世代

到了高三，天天留校晚自習的日子沒齒難忘。那種踏實卻折磨的矛盾，對於我一個熱愛教育的人，實在沒法接受。為了考試，我們耗費了多少寶貴的青春？成天埋首於分數的日子，實在苦不堪言。幸好有一群好夥伴的陪伴，一直陪我到了七月的指考，也讓一年的備考期終於畫下句點。

但下半年時，令人焦慮的來了。還記得當初放榜看到彰化師大，我的內心是一種想要卻又不想要的糾結。想要，是因為可以逃離家裡的不開心，以及台北的喧囂，不想要，是因為自己不夠頂尖，沒能考上台師。

沒錯，我的內心裡還是有名校光環，但事實上名校的背後也實質反映出學校實力。我對自己多少有點怨懟。

來到彰化前，我覺得自己已經準備好了，準備迎接與高中、與台北迥然不同的生活。在這裡，很輕鬆、自在，但對於環境的安逸，我卻無法接受。我總認為自己與這裡格格不入，是一種淪落的感受。

或許為此，我找了好多活動來參與。我擔任班代、參加系排、系羽、諮輔志工及高教深耕計畫等。我覺得把握時間，將自己充填是一種精進自我的表現，但後來多次的身心俱疲，讓我最後崩潰了。

積極參與那些活動只是我的偽裝。我其實並非這麼熱愛著這些全部的事。我只是想給自己與身旁的人一個交代，形塑自己是個完美、有能力的人。

為此，我患上了輕度憂鬱症（精神官能症）。對我來說，那真是一種極大的諷刺。**我習慣成為別人的支柱，卻不願意面對自己也需要別人的支持**；我習慣勉勵人要重視過程而非結果，但我卻十分重視成績表現這種外在客觀的績效。

我把自己想像成一張紙。我期待我在經歷上寫得多采多姿，然後受到他人的驚嘆與羨慕。

我們總是說嚴以律己，寬以待人。我時常批判自己哪裡不夠好、哪裡要改善，到最後，我變得沒有信心去挑戰。因為我怕被別人看見正在嘗試，怕被別人看見自己有弱處，所以我變得沒有勇氣去做我沒有十足把握的事。

我只做對自己形象好的事。回頭來看，這真的非常膚淺、表面。

我們的社會某種程度上鼓勵人要強勢，教育教我們「吾日三省吾身」、「見賢思齊，見不賢而內自省」，卻**沒有教我們要勇敢接受自己也有不完美的地方**。

如今，我說出來，是希望有更多人可以透過我的經驗，發現自己也有相同或類似的問題，去覺察，然後修正。

我無法回憶從小正向、樂觀的自己在哪裡，但我真的好不喜歡這樣的自己。

這個月，我看了一本書《勇敢，不完美》，這本書對於現在的我可說是啟蒙，它教導了我，失敗又如何，被討厭又如何。寧願被發現正在嘗試，也不要什麼都不做。是啊，我希望未來的我，真的能放下自我的盔甲，悅納自己的好與不好，而非成為一個內外不對等，只說不做的人。

我想，我必然要感謝身旁的許多人，沒有他們，就不可能有現在的我，讓我還對自己抱持著一點希望，一點勇氣。

現在的我，還沒走出來，也不確定之後的自己可以恢復到什麼程度，但這次我決定要用不光明、不榮譽的一面來面對自己，這就是我。希望未來一年，能在心理上有更大的突破。

不敢向他人求助

當時的我，很需要別人的關心，但礙於平常我都習慣幫助人，也希望可以維持別人心目中好的形象，因此我不敢向他人求助，也經常批判自己。

回想起發布這則貼文的當下，我想，我真的是很脆弱、很無助吧！

發完貼文後，我帶著仍然低潮的心與同學們會面。同學們中，有一兩位看到了我的貼文並給我回應，這讓我更忐忑，不知道怎麼迎接這麼開心、歡樂的場面，但或許在我心中，我已經暗自**決定要用最真實的自己，面對大家**。那天，我們一起在空中揮舞著仙女棒。黑暗中的短暫絢麗，使我們目不轉睛。那一刻，不僅眼前被點亮了，我的心也間接地被照亮起來。

而更令我感動的是，當天我們十來個人在湖中間坐著圍圈，有人提議彼此分享自己年尾的感言，而儘管我們才剛認識一個學期，或許是因為彼此信任與溫暖的氛圍，有人分享自己在堅強後面的憂傷，有人分享自己患有先天性的疾病，有人分享自己的同志性向，而我分享了自己的身心狀況。

儘管我們分享各異，但每個人的最後都是感謝遇到如此一群溫暖且貼心的同學們。當下，我覺得彼此的心靠得很近，也驚覺發現**原來每個人都有自己脆弱的一面**。

放下自己的防衛；我不孤單

從那次之後，我開始相信友情之間不是只有快樂才分享，**脆弱也可以一起面對**。在他們面前，我放下了自己的防衛。覺得自己不孤單。

後來，我們一起倒數，迎接新年，一起在寒冷中，通宵等待日出，一起跳國小健身操，一起放喜歡的歌，最後甚至整班都來了，拍下合照後，躺臥、仰望著星空，雖然最後因為太累，所以沒有撐到日出，但那一晚，無論身心都覺得放鬆且快樂。

隔天，當我再回頭去看那篇貼文。我感謝一切，讓我遇見這麼好的朋友，讓我在一夜之間，有了完全不同的心境。

自責，沒有把自己照顧好

而就在隔一年的生日，我剛轉學回台北，那年因為家庭有所爭執，加上每天通勤而且不認識任何同學，我相當地沮喪，也懊悔。多次跟自己說不應該轉學，否則我在原本學校一定很快樂。

那年，我深深地感受到自己是如何地孤寂，尤其在寒冷的冬天，心情更是鬱悶無助。就在我生日的那一天，我依然重拾前一年的心情，而格外痛苦的是，那年我沒有同學在身旁，也剛為了結束一段曖昧關係而感到痛苦。

那天，我與父母相約在高檔的餐廳慶祝，然而那頓餐，我吃得相當沉重，食之無味，心裡想的全不是美食如何高級，而是我竟然又以這般低迷的心情在慶祝。當中有許多的譴責，我覺得自己沒有把自己照顧好。

在那天聚餐過程中，我沒有任何一點開心。我低落到無法擠出一些淺淺的笑容或字句，去回應如此難得的珍饈，也幾乎沒有跟爸媽說任何一句話，就只是靜靜地低著頭進食，內心迫切地想要趕快吃完回家休息。

放聲痛哭，釋放情緒

在最後的甜點時段，爸媽請餐廳幫我準備了生日蛋糕，那一刻一如往常地，我覺得就是餐點的一部分。

「祝你生日快樂，祝你生日快樂，祝你生日快樂，祝你生日快樂。」

但就在爸媽幫我唱生日快樂歌時，不知道為什麼，我感受到一陣強烈的悲傷，尤其我聽著母親輕柔、溫暖的歌聲，彷彿我好像回到了襁褓時期，那個天真又快樂的時期，或許是內心對比自己當下的悽慘與哀愁，不禁覺得相當愧對爸媽與自己。當下，我盡量地強忍淚水，但後來飛奔進廁所。我拿著衛生紙摀住嘴巴，放聲痛哭。

當天晚上，我有點被自己的情緒嚇到，但對我來說，那份情緒的釋放給我很大的安定。那天是跨年夜，我沒有任何想參與歡樂氛圍的氣力，我只坐在床邊，讀著蔡璧名老師的《正是時候讀莊子》，希望能為自己再帶來一絲的安定。

讀完之後，我很想表達對蔡老師的感謝之意。謝謝有這本書在我如此失意時，仍陪伴在我身邊，給我支持的力量。

我找到老師的 Email，並打了一封信，我寫：

璧名老師，您好：

在寫這封信的當下，我正在聽您被訪談的Podcast，剛閱畢您的書。

今天同時是我的生日，而我選擇以平靜帶點哀愁與感恩的心態面對。今年遇見了感情的難關與家庭的困頓，對於身心有許多的挑戰。

然而不只這些突來的挑戰，生活在既存的亂世中，如何安頓身心，也成了今年省思的重點。

您的書給了我改變的著力點，提供了我在身心科與諮商外的浮木，緩了我的急與悶。

總而言之，很高興在低谷中遇見了您與莊子，也對生命提升了些許高度！

寫完之後，我吹熄了床頭邊的蠟燭，正當想跟這個世界道聲晚安時，打開手機，看見有許多通之前大學同學的未接來電。接起來後，她要我趕緊加入群組通話，我打開群組後，才發現大家在線上已經準備好要幫我慶祝生日倒數。

當下，我實在想也想不到這世界仍有關心我的人，我又驚又喜地加入大家的倒數，又再一次地有了大家的陪伴。

我想同學們必然不知當天晚上我歷經了多少心情起伏。但很謝謝他們讓我最終得以以感恩的心態漸漸入睡。

放下受傷的關係

我們不需要在一段關係中苦苦地受到折磨，雖然放下的過程，會痛，會很痛。

關係，是我生命中許多挫折的來源。

我自認自己在其他方面還算順遂，唯獨在關係中，我經常不懂得如何處理。若說關係是人生其中的一個科目，我會說這個科目難度最高，也相對陌生，讓我感到迷惘。

拒絕外婆，學習立下界線

某天，我一如往常地回到外婆家。外婆家對我而言，是個永遠舒適且自在的空間，甚至可以說是比家還像家的地方。

前文提過，小時候，我由外婆一手拉拔長大，因為爸媽都要工作，因此在上國中前，放學與安親班的接送，午餐、晚餐的照料，還有偶爾買零食或去公園玩，幾乎都是外婆陪在我的身旁。當然我與外婆的親密，也是不證自明。

網路上大家常會kuso，說有一種餓，是阿嬤覺得你餓，因此碗中的飯都填得尖尖的；也有一種冷，是阿嬤覺得你冷，明明外面太陽不小，阿嬤卻還是拿出厚重的羽絨大衣要你穿上。

還有還有，長輩表達心意的方式經常是給點零用錢。我的外婆也經常三不五時硬塞個五百或一千，我想要拒絕，還會被罵……這都是我與外婆的美好回憶。

然而，那天，外婆用台語說：「這包餅乾是捲心酥，我放在袋子裡，你帶回去喔。」因為我外婆實在太常塞東西給我，但有時我拿了也不會吃，因此那天我就回絕。我用台語說：「不要啦，我不喜歡吃那個，而且你每次都買了又不吃。」

然而，她仍然執意地將那包餅乾塞進我的袋子裡，並沒有要理會我的意思。

接著我真的很生氣，大聲回說：「不要啦！」

外婆才默默地將餅乾拿出來，沒有再硬塞給我。

我要澄清，我真的是個脾氣不差的人。那天發飆完，我才想到，哇！我真的好久沒這麼生氣過了。

但這件事也不是第一次發生，而是外婆長期的習慣。有時候，我會隱忍自己的情緒，覺得就一包零食，也沒必要弄得這樣難堪。頂多拿回去，再給別人吃就好。

但我那天覺得不能再縱容她，增強她這樣的行為，因為下次她又會想我沒反應，就代表同意。我不能如此沒有界線，所以我才會將這股怒氣爆發出來，反映我最真實的感受。

通常只要有人去外婆家，外婆都會有點焦慮，因為外婆覺得要照顧好每個人。所以那天她三番兩次地問我什麼時候要離開，儘管我跟她說了一個明確的時間，她還是會不間斷地，每隔三十分鐘，就問我一次。

不過因為外婆家很舒服，我可以在沙發上躺著午睡，可以在落地窗前靜靜地看著書，甚至還有很多糧食的供應，實在欲罷不能。在時間到之前，我完全不想提早離開。

然而，就在這件小事發生之後，我五分鐘內打包好東西，速速走人。在生氣的狀況下，多待一秒都是難受。

整件事，我沒有放在心上太久，因為我知道那是外婆的心意與習慣，並沒有任何的惡意或傷害，但就在我離開外婆家時，我突然發現這不就是一種關係的放下嗎？如果一段關係使我們痛苦，照理來說，會像我一樣快速地離開；但為什麼當我們面對的是親密關係的時候，卻總是放不下那顆燙手山芋呢？

在放不下的關係中，我們獲得了什麼？

在面對一段讓自己受傷的關係時，我們常會糾結於為什麼自己放不下，但或許轉換個視角，我們可以問問自己，這段關係究竟給了我們什麼，讓我們即使痛苦、焦慮，也還是會不自主地緊握著呢？

在與外婆的關係中，我知道我得到的是舒適、自在且安心的感受，就像小時候在外婆細心照顧下，我不用擔憂下一餐在哪，或回到家沒有人。那種感覺是個很大的溫暖及包容，也因為有了外婆，我的生存不會受到任何威脅。

同樣地，在親密關係中，或許一開始在社群軟體聊天時，發現對方會關心自己的近況，會提醒自己要穿多一點或早點睡，還會互相做球去鋪陳話題，然後等到見面後，他會在走路時，提醒你要注意來車，會繞遠路去公車站接你，再一起走去餐廳，還會默默地聽著你說話，給予你很多支持與回覆。

所有的美好，就如同刻在心中的磐石上。即使在沒見面的日子，心中也會不斷地回想起那天發生的微小片段，那一個又一個讓人打從心底溫暖的細微舉動，都持續地被放大檢視，反覆品嘗其中的滋味。

對於過去的記憶，外加對未來的想像，都讓我們對於有好感的關係，格外放不下，因為我們會覺得受到這段關係的滋養，在遇到那個人之前的灰濛，就因為他而雨過天晴。

所以即使在第一次見面後，對方開始變得冷淡、消極，或即使在交往後，對方不再體貼如舊，**我們仍會緊緊抓住過去的那些記憶**，心想對方不可能不喜歡我，畢竟昨日的種種確實發生過，不可能會有如此快速地改變。

我們開始變得猜疑，例如我就會上YouTube，看唐老師說桃花運，或是聽聽不同的大眾塔羅占卜，談論著對方對我到底有什麼感覺，我們有沒有可能繼續走下去，我可以在關係中做什麼改變。

這時的心理也很特別。當聽到一個好的結果，會質疑真的是如此嗎？畢竟我現在覺得不太對勁，但當聽到一個壞的結果，卻又是難以接受，懷疑結果是否準確，彷彿天崩地裂，全世界都要垮了下來。

而就在問天問地後，心情五味雜陳，好多心中的疑惑想跟對方確認，卻又怕自己咄咄逼人，反而毀了這段可能的關係，甚至開始反省自己，是不是有什麼地方做得不好，是他上次說了什麼問題，我很輕鬆地帶過嗎？又或者是我太主動，讓對方嚇到了嗎？

不過答案在沒有核對之前，不會有水落石出的一天。

有時因為過往在原生家庭或伴侶經驗中受傷過，讓自己又想起那個曾經被拋棄或欺騙的經驗，負面的情緒瞬間湧上心頭，滿滿的焦慮與憂鬱無處宣洩，只能透過種種可行的方式，去尋求一份慰藉或安心。

我們能不能理解每個人都有自己的選擇？我們有，對方也有

我並不是說前述的歇斯底里，我們應該要避免。我也不是說只要有問題，我們就必須理性地要求自己迅速脫身，畢竟每一段的關係都有自己獨特的樣貌，如何發展也不是我們一個人做什麼努力就可以改變的，所以一切的傷心與失落，我覺得都很正常，甚至會聽到別人說，不可能沒有受傷的愛情。

但正是這份挫折，讓我們有機會稍微地暫停一下。無論是去理性評估，或是拉開一段距離。

我們開始明白要看見自己可控與不可控的部分，特別是在人際關係中，可控的部分其實很少，因此有時候我們很難接受。

我很認同在感情中，只有適不適合，沒有誰對誰錯。

就像有人不喜歡吃番茄，並不是因為番茄不好吃，畢竟還是有很喜歡吃番茄的人；但我們能不能劃清界線？清楚每個人都有自己的選擇。我們有，對方也有。

不適合的感情再努力，也很難開花結果，而適合的感情，我們不需要戰戰兢兢，提心吊膽，也能順利成行。

關係是世界中，少數你就算花了一百分的努力，也不一定能換到的事物。它不像工作或課業，只要你願意多花點時間與精力，就有機會變得卓越，並獲得相對應的報酬。

關係不是如此的，也因此愛真的很難，很不簡單。

放不下一段感情的原因

面對關係，年輕時的我們可能會汲汲營營地追求，追到自己遍體鱗傷，但當我經歷過幾段無疾而終的曖昧關係後，會願意相信有愛的存在，但心裡有個底的感覺也會愈來愈深。

有時我們放不下，不僅是因為對方很好；還包括我們捨不得一直努力付出的自己，以及擔心再也找不到下一個一樣好的對象。

但我們必須相信自己。有時候相信自己有能力，比自己真的有能力來得重要；我們的信念會影響我們如何展現自己，也因此英文有句話，fake it until you make it（假裝直到成功）。心想事成並不是傻傻地相信，而是真實存在的希望。

學習在關係中，真心地尊重對方的決定，無論他的決定，我們是否喜歡，也別忘了，學會尊重自己。

我們不需要在一段關係中苦苦地受到折磨。倘若一個人也可以很好，我們不需要一段不開心的關係，自找麻煩。

放下的過程，會痛，會很痛；但可以問問身旁的人，多數人其實都經歷過這種煎熬，也理解愛真的不是容易的事。

我們依舊會在面對下一段新的關係前，將自己重新打理好，我們會用一個同樣好，甚至更好的自己，去遇見下一段合適的關係。

為自己出征，找回優勢

朋友說：「我也曾經想過要轉系，但讓人困惑的是，要轉，我也不知道該轉到哪裡好。」

上了大學，許多人面臨的第一個問題，便是對於自己主修的科系，其實興致缺缺。多數時候，是因為**我們的教育鮮少鼓勵學生探索自己的興趣**，因此許多人直到要選填志願的時候，才用了短短的一個月，決定接下來四年，甚至七年的時間，並在進到大學後，才體會到自己是多麼地不適合。

讀到大二，覺得都市計畫系不是自己想要

我有一位高中好友，她和我一樣參加指考。指考在分發前可以填寫一百個志願，其立意便是為了怕志願太少而容易落榜，但是想也知道，不可能所有的一百個志願，都是心之所向的，其中或許含有理想的校系，但更多的應該只是為了達到一百個所填的湊數，當然也有人一百個沒有全填滿。

他們認為沒有上到自己想要的科系，就去重考或乾脆工作。

我的朋友最後錄取都市計畫學系，雖然那並不是她心目中的理想志願，但她至少已經稍微地了解該科系的狀態，當初也覺得不排斥。

在就讀的過程中，她並沒有先入為主地拒絕學習。她用兩年的時間盡量地去接觸不同課程，甚至在大二的暑假，還進到工作現場實習。但兩年後，她心中的答案漸漸明朗，她認為那條路不是她想要的。

「我也曾經想過要轉系，但讓人困惑的是，要轉，我也不知道該轉到哪裡好。」

聽到她說出心聲的當下，我內心覺得很無力且悲傷。

不僅是因為作為她的好友，清楚知道她已經很努力在找尋自己的道路，卻始終無法得

出一個結果，更因為在教育現場，並不是每個人都可以像她一樣，至少還不排斥原本科系，耐著性子地摸著石頭過河。

不少人視學習為磨難，常是咬緊牙關而痛苦地度過每個學習時刻，卻苦於現實種種因素而無法逃脫，轉換跑道，進而造成心理上很大的負擔。

實習醫師有感而發

另外一個例子，是一個醫學系的朋友。雖然大五的他已經在接受實習醫師的訓練，準備獨當一面，但就在大四的授袍典禮時，他內心仍有感而發：

「授袍時，站上期盼已久的舞台；然而內心的波濤洶湧，難以言喻。是到了五年級，卻還找不到披上白袍的初衷？是未來即將成為受薪階級頂層的些許驕傲？是獲得外在功績，卻找不到內心依循的空虛？好多好多的感覺油然而生。有點具體，卻又有點陌生。」

醫學系在台灣受到青睞，是許多莘莘學子夢想進入的學術殿堂，然而醫師養成的過程是辛苦的。他們不僅修業時間長，必須在腦海中記憶大量的知識，同時還要面臨理論與臨床的斷裂，以及社會給予的諸多期待。

在《受傷的醫者——心理學家帶你看見白袍底下的情感掙扎與人性脆弱》（*Also Human：The Inner Lives of Doctors*）一書中提到，醫療人員經常被套上「超人」的濾鏡，期待他們應該要能客觀、抗壓且富同理心；卻忽略了他們也是活生生的人，有自己的情緒與感受。

然而，這些扁平的期待順勢流入了醫學教育中，讓醫學生在學習的過程中，漸漸變得理性、堅強與超然，並複製他們從小所習慣的高壓環境，但一向的逆來順受不代表毫無抵抗，常人口中的人生勝利，也不表示毫無挫敗。

當大家選擇性地不去面對這份可能的傷，而總是不斷地在表彰他們的功成名就，久而久之，內心的掙扎就習慣自己吞忍，或許是選擇科別的煩惱，或許是憂鬱症的揭露。**當沒有人可以給予脆弱的空間，他們自然也就收起眼淚，負傷前行。**

陽光普照的背後，也存在著陰影，正如同高成就的孩子，也有自己的需求。只有當我們能夠真誠面對孩子的一切，清楚他會有自己的人生課題，清楚他需要自己的獨立思考，清楚他也同樣有想被認同的需求，我們才有機會撕除標籤，陪伴這些「乖孩子」走過人生的坑疤。

持續探索、認識自己，是一生的事

跨領域（transdisciplinary）學習一直是現在強調的，但我想這份能力不僅是有益未來瞬息萬變的社會潮流，對於正在迷惘中的青少年，更是重要。

在跨領域的學習中，其實附帶的效益是「探索」。雖然探索這件事在台灣的教育中，起步實在太晚，甚至有人作圖諷刺大學才被趕鴨子上架，期待每個大學生都清楚自己的志向。

不過，或許長遠一點來看，探索其實是持續一輩子而不間斷的，因為外在的事物會變動，我們的內在世界也會在持續與外界互動的過程中有所變化。

探索也不侷限於科系而已，對於人事物的喜好，自己存在的價值，需要什麼樣的關係，不同的人生階段，都應有不同的答案才是。

舉我自己的例子，前文曾提到，高中時，我便立定志向要讀教育。當時的我覺得滿有自信且安全感十足，因為相較於同年齡的人來說，很少有人如同我一樣，有很明確的理想與抱負，這樣的心理更加深了我對教育的專一。

不過，後來進入特教系，我才感受到師範體系學校與特教系的氛圍是略封閉且扁平的。讀師大還是會有要修教程和當老師的壓力，雙主修與輔系開放的比例也甚低。而作為一所教育專長的學校，不鼓勵學生跨域學習，也有點可惜與遺憾。

原以為是學校與學系的問題，所以轉到了綜合型大學，系所也換成更為廣泛的教育系，但後來才明白，其實教育在台灣相對是規訓與保守的學門，不僅教學內容上固守傳統且陳舊的經典，缺乏當代的實證基礎（evidence-based）。教學法上，也經常以囤積（banking）知識及單向式講述教學法（didactic teaching）進行。

教育現場的窠臼，並沒有在知識的源頭看見希望。

學習過程中，我仍然感受到許多權力不對等的灌輸（indoctrination），外加學生主體性經常受到剝奪。如果當今大學的課堂，幾乎無異於傳統中小學的現場，並且持續以傳統的方式再製過去的教學思維，那是令人失望且無奈的。

陷入與他人的比較，忘記看見自己的優勢

在教育裡，我們都受過心理的傷。一套制度要拿來要求背景各異的學生，不可能沒有人犧牲，因此多數時候「適性揚才」便淪為口號。

而當初的我，正是因為受到教育的壓迫（oppression）而踏入這個領域；但就在接近三年的求學歷程後，我仍在大學的學習中受傷。

不過，坦白說，我也覺得沒有完全適合自己的領域。

在學習或工作的過程中，我們不得不面對仍會有自己不喜歡或不擅長的現實，但有興趣之所以重要，便是因為興趣會引發我們的內在動機（intrinsic motivation），相較於報酬或是物質這類的外在動機（extrinsic motivation），內在動機會來得相對持久且穩定，能夠支撐我們克服更多的關卡。

然而，**除了興趣外，優勢也很重要**。

現在因為社群網站風行，我們很容易會陷入將自己與他人比較的心理，而忘記看見自己的優勢。

同時，**同一個模板的教育制度，也經常用單一的標準在衡量所有人，容易讓我們用不適合自己的尺來量自己的價值**，因此英國教育家肯・羅賓森（Ken Robinson）才寫了《讓孩子飛——別讓僵化體制扼殺孩子的未來》（*You, Your Child, and School：Navigate Your Way to the Best Education*）一書，試圖帶領在教育中被剝奪的讀者，找回自己的天賦，發現自己的優勢而非劣勢。

找出自己的「興趣」、「價值」及「能力」交會處

我經常會在思考生涯的時候陷入瓶頸，因為有時可參考的變數實在過多，未來的變動性也大，但我會盡量使其簡單化，例如找出自己「興趣」、「價值」及「能力」交會的部分。

例如我自己在思考要朝諮商心理師或臨床心理師前進時，我會考量雖然在興趣與價值方面，我都願意投入，但在能力方面，我不是自然科學背景出身，因此我專注於自己的

優勢，選擇諮商心理鑽研。

而有時，我們或許也高估選擇對我們產生的影響。在高中、高職時，因為要分類組或學群，所以我們感受到不同領域似乎是分裂且獨立的。不過，在未來實際的工作場域中，經常會看見跨專業的相關團隊合作，所以諮商與臨床心理其實沒有這麼大的分野。

同樣地，在你喜歡的相關領域中，一定也有彼此重疊的部分。

試著不要過度害怕做選擇，**人生不會只有一次選擇的機會**，也試著學習在生涯上保持彈性，隨時覺察與調整自己的進路。

畢竟世界上唯一不變的，就是一切都在變。

心理界線的設立

父母的觀點其實對孩子都是重要的，
但身為孩子，我們如何讓父母的意見就是一種意見，而不是我們生命的全部。

還記得當我考完轉學考，當時還沒有放榜，有一次，在跟爸媽出遊的路上，媽媽問我：「你對自己考試有沒有信心呀？你覺得自己回答得如何？」

「我覺得我已經盡力了。剩下的，我就聽天命。有，或沒有，我都接受。」我回應媽媽。

「有時候，我覺得你好像企圖心不夠。做事情都隨意做做。」媽媽繼續說。

這時，我的內心覺得忿忿不平。

我回說：「你們根本沒有在我努力的過程中陪伴我，也不知道我花了多少的時間在準備。周末大家都在休息時，我要額外花時間坐在圖書館 K 書。如今你們竟然說我企圖心不夠，說我不夠看重。怎麼可能，那只是我為自己緩解焦慮的想法而已，好嗎?!」

被父母認同，是很多人內心的渴盼

我說完後，我們又再爭辯了一陣子。我覺得自己很傷心，本該最懂我的爸媽竟然這樣說我。

他們連理解都沒有就妄下評論，這讓我在那趟旅程，一開始就賭氣、不講話，恨不得自己搭車回台北。

後來回頭看，其實**我沒有說出的情緒是，我覺得很受傷且失望**。因為媽媽隨意的一個結論就打翻了我這麼久的努力。當中也有很多我對爸媽的期待，以及我當下焦慮，需要被承接住的投射，也因此他們的一句話，才讓我有這麼大的情緒起伏。

希望被父母認同，我想這是很多人內心深層的心聲。如同 YouTuber 理科太太提到，她是長大後，才發現她一直將媽媽的話放得很重，因為媽媽對她的認同是她相當重視的。

後來理科太太開始做YouTube這個不是大家都看好的工作，與媽媽的關係，以及媽媽與自己觀點間的衝突，才又再浮上檯面，這也是她與諮商心理師長期談論的重點。

所以，父母的觀點其實對孩子都是重要的。但身為孩子，我們如何讓父母的意見就是一種意見，而不是我們生命的全部，我想這就是《被討厭的勇氣》中提到的「課題分離」。

我能做的，是陪伴雙方，給予情緒上的支持

另一個例子和我的同學有關。有一次，其中一個同學A跟我說，當他們在進行分組作業時，總有一個同學B會有些怠惰，進而拖累到小組作業。

對我而言，A、B兩個同學都是我的好朋友。我猜或許是有些誤會，說開就好了，因此我幫忙解決。我隨即去了解B可能有的困難，以及她真正的想法。

不過對B而言，我好像成為了說服與責怪她的角色，所以B當下不太願意談論此事，也連帶讓我捲入關係的冰河中。

但為什麼對於A、B的事，我會如此焦慮呢？或許**在成為「拯救者」的同時，我只是想證明自己的存在與能力**。我想成為那個最終解決問題的人，卻忘記了我並非當事者，

我其實無權介入。

我唯一能做的，或許只有陪伴A、B。在雙方需要的時候，給予情緒上的支持。

我們常常介入不是自己該負責的議題

「課題分離」說起來簡單，但做起來卻很困難，因為它其實違反我們人類想出手相助的直覺。

例如在一些家庭衝突中，當兒女看見爸媽的衝突，兒女不忍其中一方受害，進而頂替，成為所謂的情緒配偶或替代伴侶，代替失能的父母，去照顧他的另一半。

這樣的同理與貼心是我們的本能，但有時我們會忘記這些不是自己該負責的議題。久而久之，自己的情緒與生活也被牽扯進去，連自己都自身難保，並陷入惡性的情緒勒索。

因此，「課題分離」需要不斷地練習，例如在平常作業分組時，或許碰巧遇到所謂的「雷組員」，對方不知道為何經常遲交。

可以試著去關心他的困難，協助他解決問題。例如建議他跟老師說明自己的難處，或在自己能力許可的狀況下，陪伴他完成。

但無論如何，做報告這件事是對方的責任，我們不應該因為同情而直接幫他完成。因為這不但會**剝奪對方面對與解決問題的能力，我們自己的內心也會充斥不平衡**。

「課題分離」不是自私，是尊重

有人說「課題分離」等於「自私」，好像不是自己的事情就不幫忙，但實際上，「課題混淆」才是自私。

當人與人之間開始失去界線，我們容易因為自己的需求與想要而去介入他人，甚至是將自己的情緒加諸在別人身上，勒索別人，而這才是真正的自私自利。

課題分離有助於我們去面對關係間的糾纏不清。我們可以從簡單的關係開始練習，最後再延伸到家庭、伴侶與朋友。

學著讓別人的需求不被自己吸收，也學著不將自己的價值建立在他人身上，彼此保持一個舒適的心理距離，這將會是對自己與他人重要的學習。

好好地、完整地經歷當下的情緒

倘若我在有情緒的當下，就去經歷與抒發，
是否就不用一直壓抑在心底，讓自己不好受呢？

如果我們將人生拉成一個軸線，分為「過去」、「現在」和「未來」，那麼我會說我們的教育，乃至整個社會，都很擅長教我們怎麼規劃未來，卻不清楚要如何處理過去與面對現在。

我們在學生時期，經常被訓練要汲汲營營於追求目標，好像有藍圖的小孩才叫有希望，而沒有規劃就等同好吃懶做，也因此，我們不斷地追逐著心中的理想，覺得有達到叫成功，沒達到便是失敗。一切都成了**殘酷現實的結果論**。

「結果是什麼並不重要；重要的是過程，是你學到了什麼。」

「我們都要學習把握當下，畢竟世事無常。」

「專注在自己身上，不需要跟別人比較。自己贏過自己，才重要。」

我們的教育經常有許多口號，也代表我們都清楚真正對於孩子發展較好的觀點是什麼。可惜的是，國民教育的目標在升學，我們不得不壓抑過去，而重視結果與向外比較，畢竟一切的績效都太過顯而易見，教育也自然抵不過功績主義的潮流，進而選擇犧牲部分孩子的身心發展，去成就每年可以貼出亮眼的榜單。

「結果是什麼很重要；因為你的會考、學測、指考都在乎你考得如何。」

「我們都要學習把握當下，因為當別人偷懶，而你在努力，你就少掉一個敵人了。」

「我沒辦法要你不跟別人比較，畢竟大家都上一樣的課。為何你就是表現得比別人差？自己真該檢討一下。」

教育說不出口的話有太多，所以我們經常在無形之中就變得沒有自信、功利、平庸，

我們自然也沒有更多的時間，與過去的自己和解，或與現在的自己相處，一切都是為了那個最好、最重要的未來。

對於過去，我們知道要以史為鑑，避免重蹈覆轍，但有另一點，我覺得也同樣重要的是，要好好地去經歷過後，並放下。

放下，不一定是具體地與某一個人和解、握手，它可以是一種自己了然於心的過程，但重點在於不逃避過去，不止於悔恨。

悔恨，帶來提醒

關於過去，可以分成兩種，一種是與人的關係，一種是自己的情緒。

關於與人的關係，韓劇《我是遺物整理師》（Move to Heaven）是個很好的題材。它描述在我們往生後，會有遺物整理師蒐集一些代表死者的重要物品，並將其裝箱，交給死者的家屬或其他重要他人。

交付的時候會發現，有些人對於死者，並沒有任何留戀，可能是因死者在世時，彼此有些爭執，或覺得死者是拖累。對這些人而言，死者遺物並沒有任何價值。他們多半希望拿到死者的遺產，而死者的意義也就在那筆錢的轉移後，畫上句點。

然而，影片中製造了許多真相大白的時刻。或許有些時候我們因為僵化的關係，從未讓彼此走進對方的心中，而更多時候，令人心疼的是，很多真相的隱藏或許是死者基於種種善意，而以自己獨攬的方式，將一切承受下來。

我們可能有些時候因為拉不下臉皮，又或心中有些過不去的坎，所以我們選擇不說、不做，而形成「未竟事務」（unfinished business）。

我們面對未竟事務會悔恨，想著當初為什麼沒有好好地說與聽，然而很多時候悔恨的意義，除了責怪自己，更多的是份提醒。

理性來看，如果再次回到可以選擇的那一天，沒有經歷過悔恨的我們，大概仍會做同樣的選擇。然而，正是因為有了悔恨，我們可以提醒自己並把握住的是，讓自己在下次更勇敢、更坦然。

患得患失又焦慮的情緒糾葛

而關於自己的情緒，我們也必須去好好地經歷；畢竟情緒不會莫名冒出，它必然有個緣由，那些使我們快樂、開心、悲傷或痛苦的感受。

我自己的經驗是我遇見一個心儀的對象，那時我們在網路上聊聊後，便決定約出來見面、吃飯。見面當天，我們互動得輕鬆自在，完全不覺得有任何一點疙瘩或不合適。回家後，他將那天的合照傳給我，並跟我說下次再一起見面。我心想這個對象應該也是對我有好感，我覺得能夠再繼續走下去的機率很高。

但後來當我再傳訊息給他，我發現他經過一整天才回我一次，但明明系統顯示他每隔幾小時就會上線。

我開始變得患得患失。一方面不敢傳訊息給他，怕如果他對我沒好感，再多一聲問候也是叨擾；但另一方面，我很執著於見面當天的互動，以及他最後提出可以再見面的邀約，那究竟是真話，還是種禮貌呢？

但也因為我過去有類似的經驗，所以很害怕跟對方核對他的想法。我深怕自己沒辦法接受結果。

在這過程中，我還看了星座運勢與塔羅占卜，甚至還問了幾個朋友與媽媽的想法，但始終沒有人有正確答案。

一切都使我感到萬分焦慮。

伴隨電影情節，我開始哭泣

我困在自己的情緒裡。我叫自己不要再去想，就讓時間過去就好，反正最終沒聯絡了，也會遺忘。

直到後來，我無意間看了《我沒有談的那場戀愛》電影。電影情節對於愛有執著、有悔恨。看完後，勾起我在關係中載浮載沉的困擾與迷惘。我伴隨著情節，開始哭泣，我把情緒宣洩出來。

後來我才意識到，我之前是在壓抑自己的情緒。當我遇到自己有負面情緒時，我仍舊習慣將自己隔離起來，要自己鎮定、理性，暫時不去理睬。

但情緒並沒有消失，那正是電影所勾起我的內在部分，而倘若我在有情緒的當下，第一時間就與自己站在一起，試著去經歷與抒發，我是否就不用一直壓抑在心底，讓自己一直不好受呢？

情緒不會自己消失，需要你去經歷、接納

如何面對自己的情緒？實在是個難題。我們當然可以選擇不去面對，逃避看見自己內

心的傷痕，然而如此一來，我們便會有一隻腳深陷在過去，想拔也拔不出來。我們將無法在生命當下好好走路，因為動不動就會想到過去的傷，而後憂鬱了起來。

讓我們重新從覺察自己的情緒開始。**當我們隱隱地感受到自己正在悲傷、哀痛或憤怒時，試著不去逃避，而是更仔細地關注它，看看它從何而來，又需要什麼。**

如果我們漸漸能在每個情緒的當頭，都適當地去經歷與接納，情緒就不會像滾雪球般地愈滾愈大，最後成為擊垮我們的最後一根稻草。

愛情不是浮木，不是拯救

自己內心的那一份脆弱，應該要由自己去陪伴，
因為別人不需要，也無能為力陪在我們身邊。

親密關係是我大學時的核心議題。前文提到，在求學階段，我對於何謂愛情是懵懵懂懂的，而自己的同志身分更加深這份摸索的難度，使得我在嘗試的初期，面臨許多**愛情與自我價值的衝突**——總覺得是因為自己不夠好，才無法進入關係，也經常為同志身分感到不自在，覺得無論對自我或對外界坦承，都需要格外多的勇氣。

但上了大學，對於親密關係的好奇以及孤單的感受，使得自己不能再繼續逃避。我開始學習去接納自己是性少數的身分，也開始面對與處理自己在情愛當中的不成熟。

孤單、寂寞、覺得冷，這是許多人自嘲的用語，卻也真真實實地成為我轉學回台北的經典寫照。

大學生之間有個傳說，如果在大二的聖誕節前沒有另外一半，那麼大學就勢必會繼續單身下去。或許是因為高中畢業後，開始有了許多自由的空間，尤其脫離了師長的管控及升學的束縛，多數人情竇初開的年紀，也差不多就在大學。

內心的脆弱，應該由自己陪伴

有一段日子，我無時無刻都想著愛情，但當時的我，是把愛情想像成拯救自己悲慘日子的唯一解方。

我幻想著只要有個可以彼此相愛的人，生活中的烏煙瘴氣都將煙消雲散。

當我以這樣的想法與人約會，在過程中，我把自己矜持得很好，絲毫不想透露任何真誠的渴望。

我想像這樣的我會帶給對方獨立的形象，硬是壓抑內心的緊張與焦慮。

結果那天我們看完電影，送對方上車後，對方就一去不復返，再也沒有任何後續。

我很痛苦，而那是我第一次為了感情，如此痛苦。

我心中其實明白對方就是覺得我不合適，但低潮中的我，不願意接受這樣的事實。

我跑去廟裡，向神明求籤。我向對方打了一長串的感受，我也向他道歉，說那天我沒有表達我最真實的情感。

最後，我驚覺到自己脫離了正常生活。我對對方的朝思暮想並沒有為我帶來任何甜頭，徒留一身的傷心。

放下被拯救的心態

其實，我是在彌補心中那個很深的空虛。但**當我用想被拯救的心態一而再，再而三地去認識其他人，結果都只是造成我經常的焦慮與恐懼**。

因為害怕被拋棄而感到神經質，於是時常不理智地沉迷與幻想，最後，我才發現自己內心的那一份脆弱，應該要由自己去陪伴，因為別人不需要，也無能為力陪在我們身邊。

那是一種拚命想抓住浮木的心情。

還記得我曾經跟只見過一次面的人告白。我當下的想法是，我應該好好把握機會，勇於表達，但卻假裝看不見那個我根本還不了解對方的事實。

我也曾經在問對方是否可以進入一段關係之際，因為被回絕而感到被重重打擊。這些經驗不僅是期望落空的單純心理，更多的是，我捨不得那個要繼續灰頭土臉的自己，以及那個希望被呵護與被愛的脆弱。

愛情，成了逃避現實問題的出口

在一次次的經驗中，伴隨著數段的療傷，我開始聽很多 Podcast、看很多書籍，並且拿來與心理師討論。

漸漸地，我發現自己原來對於愛情的期待有很多都不切實際，同時也是自己試著在逃避現實問題的出口。

但如此一來，不僅自己會不斷落空、受傷，對於可能真的有意的對方，也是一種不公平的傷害。

因為**這段關係中其實充斥著自己滿滿的需要**，圖的也只是個陪伴，而非愛情。

是愛情，還是填補孤單？

另外，也有一段特別的經驗，讓我清楚陪伴與愛的差別。

當時，我遇見一位對我有好感的同校學長。那時，我仍舊處於情緒低迷當中，但他經常陪我吃飯，我們也一起在河堤旁散步，甚至他會陪我走到系館。在那段時期，我不再那麼孤單，也很開心能夠有個說話、談天的對象。

但是經過相處後，我清楚自己對對方的感受，並不是愛。有些時候，只是他的陪伴讓我化解了自己的苦悶。

後來，他對我表白，我陷入糾結。一方面，我其實很需要這樣的陪伴，也就是那是被拯救的感覺，我可以答應他的表白，並一直有他在身旁；但另一方面，這完全是我自己的需要，這不是一段感情。

倘若我答應了，不僅是辜負對方的心意。我相信在關係中，我也不會好過。我內心明白自己最真實的想法。

因此，後來我向對方說明，同時也提到這並不是對方不好，單純是我們彼此對這份關係的期待不同。

說完之後，我鬆了口氣。

我為自己的誠實感到欣慰，同時，我也體會到**在關係中被拒絕，真的不代表自己哪裡做不好**，就僅僅是沒有那份悸動而已。

不帶著滿目瘡痍的傷，找尋愛情

讓自己的生活豐富，學習打理好自己，至少喜歡自己的生活，而不是帶著滿目瘡痍的傷，去找尋愛情，這是我在經歷感情挫折後的心得。

然而，世界也不是只有愛情。讓自己與身旁的親人、朋友建立連結，為自己搭起支撐的人際網絡，同時學習好好去面對關係，在關係中感受包容與接納，明白自己是有價值，且值得被愛的，這些，也一樣重要。

因為當一個人缺愛時，也會給不出好的愛，給欣賞的對方。

半年前，我遇到一位很欣賞的對象。我欣賞他會認真地思考與回答，他總會說：「給我一點時間。等一下喔，我想想看！」我們分享彼此的生活，關心彼此在乎的事。

我原以為已經足夠成熟到可以去經營關係，直到我回錯了一句話，才知道我還沒有愛人的能力。

當彼此都帶著自己的傷，進入關係

對方因為在前一段關係中面臨困境，毅然決然負傷離開，但這樣的離開，讓他情緒受到不小的影響，也被診斷出罹患持續性憂鬱症。

不過，那時我聽到後，相當感動。一是因為他願意跟我分享脆弱，而我無法像他一樣如此勇敢；二是我經歷過相同的事，我有信心可以陪伴他走過那段歷程。

然而，當彼此都帶著自己的議題進入關係，雖然我們都希望可以被對方接納，但有天，他說：「有時候會想，真的有人可以接納自己最脆弱的那一面嗎？」

「我也會這麼想，但我自己覺得沒有必要如此思考，畢竟誰也不知道〜」我回應。

「這樣會有種我的感覺被否定，好像對憂鬱症患者說不要想太多一樣。」

當下，我恍然意識到我的答案傷害了他。而這樣的傷害，我很清楚。我沒辦法好好地同理與支持他，因為當下我也處於低潮中。

我感受到他字句的重量，下意識地想要保護自己不受情緒波動，卻反倒將他獻出的脆弱猛力丟回。

為此，我感到相當自責，也明白自己還需要更多的準備。好好地接納自己，才有力氣接納他人。

把自己照顧好，是進入愛情的前提

「我需要完美，才可以進入一段關係嗎？」這個問題曾是我拿來與朋友討論的疑惑。我們都認為不用，因為人不需要完美，也不可能完美。

不過，若更細緻地去探究是否至少有個門檻，而在經過這些經驗後，我認為能「把自己照顧好」是及格分數。

一旦能照顧好自己，在關係中，彼此互不成彼此的拯救者。如此一來，相知相惜，彼此心中都留有空間給對方，自然會感到幸福而非拖累。

如何陪伴憂鬱症患者？

在憂鬱症的陪伴中，絕非做愈多愈好。我們因為對於憂鬱症感到害怕或焦慮，因而將自己的期待投注到患者身上，用自己的方式，要求患者盡快復原。

如何陪伴心情低落與情緒困擾的人？向來不是件簡單的事，尤其當我們理解到憂鬱症的成因是如此複雜後，我們更應該以謹慎及同理的心態，陪伴我們身旁所愛的那個憂鬱症患者。當然，憂鬱情緒也需要我們同等重視，因為預防勝於治療。

憂鬱症的陪伴技巧——「三不守則」

每一個人都有可能得到憂鬱症，更別說出現憂鬱情緒是我們必經的歷程，然而大家對於憂鬱症的理解，經常是不夠全面的，也因此我們容易徒有關懷的善心，卻不具備陪伴的基本技巧，將額外的壓力加諸於當事人身上，最後雙方都感到更為氣餒。

憂鬱症陪伴的技巧有很多，無論是邀約出去散步、協助建立社交關係或保持關懷，網路上有許多的資源可以提供大家參考。

但我自己認為核心的精神，是我們最該把握住的。只要願意嘗試實踐，也可以給憂鬱症患者舒適及安心的依靠。

其中，「三不守則」是我們可以放在心裡的架構，當中的「三不」是：

1 不鼓勵：不隨意地給予患者正向鼓勵。

2 不責備：不將憂鬱症視為是患者的過錯，進而給予任何譴責。

3 不反駁：**面對患者的沮喪之言，不以自己的理解去反駁，傾聽即可**。

憂鬱症經常使人陷落在自己的負面思維中，而這些思維並不是患者自己願意持有的，反而正因為患者經常想要擺脫，卻擺脫不了，進而造成憂鬱症患者很大的折磨。

在負面的世界裡，任何正向的鼓勵，都如同遙不可及的光。很多時候，憂鬱症患者清楚地知道道理，包含「事情沒有這麼糟」、「時間過了就會好」或「自己過度放大了」，但患者必定有自己無法自拔的原因，畢竟沒有人願意持續地受苦，而身心耗竭的情況下，其實也很難立刻振作。

此外，再多的批評只會更多地打擊憂鬱症患者的自我價值。

在憂鬱症的籠罩下，人們常會有許多自己對於自己的質疑，例如「我覺得自己毫無價值」、「我之前的表現有夠爛」或「我怎麼會傻到……」，而此時如果陪伴者還陪著患者去鑽入自己的不是，或是從自己的角度提出檢討，無論或對或錯，都將是火上加油，只會使憂鬱症患者更覺得無望。

陪伴憂鬱症患者前，我們必須先照顧好自己

我想，陪伴者的出發點一定是良善的，我們都不希望看見自己身旁重要的人，被憂鬱症折騰得體無完膚。

然而，憂鬱症患者通常是孤單無助的，因此提供一個穩定且適當的陪伴。例如告訴他：「自己一直都在，想說話再說就好。」或是幫他煮頓溫熱的餐點，對患者來說，都會是很大的溫暖。

在憂鬱症的陪伴中，絕非做愈多愈好。有時候，可能是我們自己的需求。**我們因為對於憂鬱症感到害怕或焦慮，因而將自己的期待投注到患者身上，用自己的方式，要求患者盡快復原。**

有時候，也可能是在陪伴過程中，我們不知不覺地用盡自己的氣力。我們忘記設立心理界線，因此過度耗損自己的身心，反而帶給當事人不穩定的情緒回饋。

記得陪伴他人之前，我們都必須照顧好自己；因為唯有當我們身心富足，我們也才有多餘的那份心，可以給予他人支持。

陪伴是個相當不簡單的課題，但別忘了，還有專業的資源可以給予實質的協助。

我們都不孤單，讓我們一起守護所有需要被疼惜的靈魂。

在生命殞落前，我們可以「一問、二應、三轉介」

自殺，一直是我們不容易面對的議題，因為它關乎死亡，它關乎性命，它關乎希望與失落，它關乎道德與倫理，而當這樣的際遇碰上了年輕生命，初生的喜悅與盼望，似乎瞬間化為烏有，更教人難以釋懷。

是對生命感到多深的絕望，才使得自殺者願意放下世界，一奔生命的盡頭？又需要多少的苦痛與折磨，才會使得自殺者願意以短暫的身軀之痛，一解長久的心靈磨難？

面對逝去的生命，我們都會感到難以置信，甚至我們有所創傷，直覺一切都是作夢，不可能如此血淋淋地發生在自己親近的人身上。

對於自殺的人，我們常常只能感到惋惜。不過，若我們能及時覺察自殺前的徵兆，或許我們還有機會給予溫暖，也或許一切的遺憾都可以挽回。

我們可以學習具備自殺防治的概念，成為彼此的守門人。

自殺防治的基本要點稱為「一問、二應、三轉介」，它是一個連續性的陪伴。當我們觀察到周遭的人變得在情緒、行為或認知上與平常不同，我們便可以及時地給出關懷，理解對方可能遭遇的困擾。

一問指的是「傾聽、關懷與評估」。我們可以在對方有意願的情況下，主動給予語言與非語言的關懷及情緒上的支持。例如遞上一杯溫暖的飲料，或是約個時間一同聊聊。

同時，我們可以將簡式健康量表（BSRS-5）的五道問題，融入詢問中。五道問題分別是：

一周內是否……

1有睡眠困難？

2感到緊張不安？

3容易覺得苦惱或動怒？

4感覺憂鬱、心情低落？

5覺得比不上別人？

每項問題都是我們可以簡單評估的依據。評估的方式是將每題從「完全沒有」到「非常嚴重」，分為0到4分，當中還包含「輕微」（1分）、「中等程度」（2分）與「嚴重」（3分）。

如果五題得分加總小於6分，屬於正常範圍。介於6到9分，適合做壓力管理及情緒抒解。介於10到14分，適合進行專業諮詢，例如尋求輔導老師或心理師協助，最後如果大於15分以上，建議至身心科就醫。

簡式健康量表還有一題附加題，是「一周內是否有自殺念頭」，這題為單獨評分，如果評分為「中等程度」（2分）以上，也建議尋求專業諮詢或身心科的協助。

在評估自殺念頭時，不需要避諱談論自殺議題，因為根據相關研究，當我們能自在地談論自殺，反而有機會降低自殺者的自殺可能性，但我們必須確保自己能接納對方可能有自殺的念頭，切勿給予任何責備。

自殺防治協會也有設計出一款「心情溫度計」的App，提供線上BSRS-5的測驗。無論是要自助或助人，都可以提供一個覺察自己或他人的好方式，在心情低落時測驗看看，發現危機，才可以盡早尋求協助。

接下來是**二應**，**指的是「回應與支持」**。這點可以參考前面提到的「三不守則」，以不鼓勵、不責備、不反駁的態度，溫柔地陪伴對方。

最後是**三轉介**，**指的是「資源轉介與持續關懷」**。當發現我們想幫助對象的狀況已經超出我們的負荷與理解，千萬不要逞強。我們可以提供相關的心理與精神醫療資源給當事人。

倘若當事人需要，我們也可以陪同前往，並在介入後，持續保持對當事人的陪伴及關懷。

憂鬱症患者不必然會自殺，但在自殺者中，有一定的比例是憂鬱症患者。

一個人從有自殺的念頭，到實際地去規劃與行動，中間也會間隔一段時間，同時釋放一些警訊，例如開始將重要的物品分送他人，或言語上透露想死的念頭，所以當我們能保持對自殺的敏感度，同時預先了解有哪些可以介入的專業資源，也牢記之前提到的精神與方法，我們都將有機會拯救可能殞落的生命。

請給自己一個擁抱，並對自己說：「辛苦了。」

請告訴自己：「沒有你的堅韌，我們都不可能走到今天。」

書寫到了尾聲，我想我該好好地謝謝你。

謝謝你陪伴我走過一路的蠻荒，而我也深自期許，不敢說所有的故事，但至少有一兩則可以帶給你共鳴與感動，使你面對自己的困境，是更有動力與勇氣的。

我們都沒有辦法避免情緒的發生。在情緒來臨的當下，我們感到痛苦且難受；而**身為青少年的我們，有些狀況或許缺乏經驗，所以我們更多了一份徬徨與迷惘**。

在許多慌張的時刻，我們不知道該何去何從，只能任由命運擺布，不斷經歷站在生命邊緣的時刻。

我直覺，也深信，許多人必定曾有過想要逃離世界，放下一切而去的念頭。

在好多的人生階段中，我們被絕望逼得毫無去路，沒有人聽得見我們的吶喊，也沒有人看得見我們的哭泣。好多個夜裡，我們習慣一個人消化，一個人面對，一個人日復一日地努力撐過。

辛苦了！給一直以來都很努力，也很勇敢的自己，一個最大的擁抱，告訴自己，沒有你的堅韌，我們都不可能走到今天。那個願意持續咬牙、砥礪自己的你，真是萬般地不簡單。

人生裡，沒有什麼事比「照顧好自己」更重要

回顧這本書，是從我患了輕度憂鬱症的角度切入，接著到精神科看診，並持續與心理師諮商，但我覺得此書的最大主軸，除了心理專業與藥物的協助之外，我最希望傳達的理念，是「**自我覺察—自我接納—自我照顧**」。

當我們遇到事件的刺激而產生情緒時，我們先自我覺察，試著去感受自己的感受，問問自己這樣的情緒從何而來，又這樣的情緒代表我們什麼狀態，是受傷、感動，還是不

捨。

接著，我們學習自我接納，**對於我們覺察到的情緒，我們不批判，也不評價**。我們不去拒絕任何情緒的發生，因為情緒並沒有好壞，它都是我們身上的一部分，如同每個器官一樣，都不可或缺。

如果覺得接納很困難，可以試著在網路上尋找一些與「正念」（Mindfulness）相關的影片或音頻。透過帶領去感受自身情緒，並允許它們自在地發生。

最後，**讓照顧自己成為一生的使命**。沒有什麼事會比先照顧好自己來得重要。基本的自我照顧，先讓自己吃得好、睡得飽、多運動，接著，我們為自己建立有品質的社交關係，以及投入可以自我實現的活動，漸漸地，我們的自信及熱誠會萌發，陪伴我們活出充實的生命。

學習與會帶來負向情緒的關係，道別

而自我照顧的另一面，也意味著我們要揮手，向那些總是為我們帶來負向情緒的關係或情境道別。

縱使我們再有千百個困難，我們不能持續任由自己被這些牽制所消耗。**這會是個困難的練習，但也是我們能為自己負起責任的代表**。

畢竟長大後，我們要體認到不再什麼事都是別人害的。有時候，我們可以決定的其實很多。我們都是有力的。

憂鬱，可以是種祝福

在公共電視的戲劇《茶金》中，有一段話：「茶跟人一樣，傷口可以讓人脆弱，也可以使人堅強，正是傷口讓你和別人不同。」

高貴典雅的東方美人茶（膨風茶）因為在長成的過程中，受到小葉綠蟬的啃食（著蝝），原以為受啃食後的賣相會不佳，進而造成價格崩壞，卻沒想到它帶著意想之外的果香，成為台灣茶史上重要的產品。

我想，我們的生命也如同受傷的茶，但正是因為傷，使得我們更具生命的智慧，更能在面對陰影的同時，迎接陽光的到來。

有時候，我會想著，正是因為自己的所有遭遇，使得我可以同理更多人的處境，讓我請給自己一個擁抱，並對自己說：「辛苦了。」

更有機會與其他生命貼近，而非總是在關係中停留於淺薄的層次。
雖然生命開始有了更多的感慨與無奈，但這也代表我們接觸到更真實的人性與人生，並且更理解到很多的恩惠都不是理所當然，因而更懂得珍惜生命中出現的所有美好。

【後記】我的憂鬱

從大一下出現輕度憂鬱症後，我便開始了藥物與心理治療。不過，精神醫療的部分，並未持續，是直到大二轉學後，才又再次尋求了精神科的協助。

我自己並沒有完全倚賴藥物治療，因為**憂鬱症並不單純是生物因素所導致。倘若倚靠藥物，而不去面對自己的心理課題，則變相成了一種對自己的逃避**，反而容易陷落在憂鬱泥淖中，難以振作。

不過，藥物確實能幫助我們，以更好的身心狀態，去面對自己的生活，所以後來我便輔以學校諮商中心提供的心理治療，漸漸走出憂鬱症，維持相對穩定的身心狀態。

特別需要注意的是，每個人的病程與起因都是獨特的，因此除了能清楚自己的狀態，在需要的時候，諮詢心理專業工作者，也是照顧好自己的一種方式。我的經驗僅能作為參考，而非正確依據。

身心狀況的本質是流動的，今日的開心並不能預示著明日也會相同。

「人有悲歡離合，月有陰晴圓缺，此事古難全。」天上的皎潔明月，也會有不全的時刻，何況我們是人，因此無須一味地將自己保持在「好」的狀態。能夠接納「高低起伏」的事實，以悲憫及彈性的眼光處理，更是我們從低潮中可以學習到的智慧。

祝願翻開本書的你，理解自己，接納自己，成為自己。

國家圖書館預行編目資料

憂鬱世代：頂大生如何走出升學牢籠、社群競逐及自我價值困惑的憂鬱症／莊明翰著. ——初版. ——臺北市；寶瓶文化事業股份有限公司, 2022.09
面； 公分, ——（vision；234）
ISBN 978-986-406-318-5（平裝）
1.CST：自我肯定 2.CST：自我實現
177.2 111014152

Vision 234
憂鬱世代——頂大生如何走出升學牢籠、社群競逐及自我價值困惑的憂鬱症

作者／莊明翰
副總編輯／張純玲

發行人／張寶琴
社長兼總編輯／朱亞君
資深編輯／丁慧瑋 編輯／林婕伃
美術主編／林慧雯
校對／張純玲・陳佩伶・劉素芬・莊明翰
營銷部主任／林歆婕 業務專員／林裕翔 企劃專員／李祉萱
財務／莊玉萍
出版者／寶瓶文化事業股份有限公司
地址／台北市110信義區基隆路一段180號8樓
電話／(02)27494988 傳真／(02)27495072
郵政劃撥／19446403 寶瓶文化事業股份有限公司
印刷廠／世和印製企業有限公司
總經銷／大和書報圖書股份有限公司 電話／(02)89902588
地址／新北市新莊區五工五路2號 傳真／(02)22997900
E-mail／aquarius@udngroup.com

著作完成日期／二〇二二年七月
初版一刷日期／二〇二二年九月
初版二刷日期／二〇二二年九月三十日
ISBN／978-986-406-318-5
定價／三五〇元

AQUARIUS 寶瓶文化事業

愛書人卡

感謝您熱心的為我們填寫，
對您的意見，我們會認真的加以參考，
希望寶瓶文化推出的每一本書，都能得到您的肯定與永遠的支持。

系列：vision 234 **書名：憂鬱世代——頂大生如何走出升學牢籠、社群競逐及自我價值困惑的憂鬱症**

1. 姓名：＿＿＿＿＿＿＿＿＿ 性別：□男 □女
2. 生日：＿＿＿年＿＿＿月＿＿＿日
3. 教育程度：□大學以上 □大學 □專科 □高中、高職 □高中職以下
4. 職業：＿＿＿＿＿＿＿＿
5. 聯絡地址：＿＿＿＿＿＿＿＿＿＿＿＿＿＿＿＿＿＿＿＿＿＿＿＿＿

   聯絡電話：＿＿＿＿＿＿＿＿＿ 手機：＿＿＿＿＿＿＿＿＿
6. E-mail信箱：＿＿＿＿＿＿＿＿＿＿＿＿＿＿＿＿＿＿

   □同意 □不同意 免費獲得寶瓶文化叢書訊息
7. 購買日期：＿＿＿ 年 ＿＿＿ 月 ＿＿＿日
8. 您得知本書的管道：□報紙／雜誌 □電視／電台 □親友介紹 □逛書店 □網路 □傳單／海報 □廣告 □瓶中書電子報 □其他
9. 您在哪裡買到本書：□書店，店名＿＿＿＿＿＿ □劃撥 □現場活動 □贈書 □網路購書，網站名稱：＿＿＿＿＿＿＿ □其他＿＿＿＿＿＿
10. 對本書的建議：（請填代號 1. 滿意 2. 尚可 3. 再改進，請提供意見）

    內容：＿＿＿＿＿＿＿＿＿＿＿＿＿＿

    封面：＿＿＿＿＿＿＿＿＿＿＿＿＿＿

    編排：＿＿＿＿＿＿＿＿＿＿＿＿＿＿

    其他：＿＿＿＿＿＿＿＿＿＿＿＿＿＿

    綜合意見：＿＿＿＿＿＿＿＿＿＿＿＿＿＿＿＿＿＿＿＿＿＿＿＿＿＿＿＿＿＿＿
11. 希望我們未來出版哪一類的書籍：＿＿＿＿＿＿＿＿＿＿＿＿＿＿＿＿＿＿＿

讓文字與書寫的聲音大鳴大放

寶瓶文化事業股份有限公司

（請沿此虛線剪下）

廣　告　回　函
北區郵政管理局登記
證北台字15345號
免貼郵票

寶瓶文化事業股份有限公司收

110台北市信義區基隆路一段180號8樓

8F,180 KEELUNG RD.,SEC.1,

TAIPEI.(110)TAIWAN R.O.C.

（請沿虛線對折後寄回，或傳真至02-27495072。謝謝）